世界を変革しよう

若い仲間たちへ

松代秀樹 著

プラズマ出版

世界を変革しよう——若い仲間たちへ

目次

はじめに

いま、世界は危機的様相をしめしている。ウクライナ戦争。中東における戦争。東アジアにおいては、朝鮮半島および台湾をめぐって中国国家とアメリカ国家・日本国家とが着々と戦争を準備している。これらは、東側と西側の両帝国主義陣営の軍事的・政治的・経済的の激突を根源としているのである。世界のあらゆる帝国主義国家権力者と資本主義国家権力者は、自国の労働者たち・勤労者たちにたいする搾取と収奪と抑圧の強化を基礎にして、勢力圏と領土の拡張に狂奔しているのである。まさにこれは、二一世紀現代における国家権力者どもの帝国主義政策の貫徹にほかならない。

これらの国家権力者どもは、それぞれ固有のナショナリズムを流布して、国と親・きょうだいを守るのだ、と労働者たち・勤労者たちをだまし、兵士として動員して、戦争を遂行し・あるいは戦争を準備しているのである。

労働者たち・勤労者たち・若者たちはだまされてはならない。

資本は、労働者たちの労働という生き血を吸い取って自己増殖するのである。これが搾取である。資本は、労働者たちの生きた労働の凝結物なのである。死んだ労働たる生産手段と生きた労働は、資本の実存形態をなす。生産手段は、労働者たちの生きた労働に接して蘇り躍動し、資本としての本性をあらわす。

労働者たちは、日々、資本をつくりだしているのである。労働者たちは、この自己存在を否定しなければならない。この自己存在の否定とは、資本によって自分が搾取されるというこの関係を根底から転覆するぞ、という意志を自分自身のうちに創造することである。

高校生たちや大学生たちは、日々、教育をうけ学校の勉強に励むことにおいて、支配階級によって、この資本主義社会に都合のいい人間としてつくりだされているのである。高校生たちや大学生たちはこの自己存在を否定しなければならない。この自己存在の否定とは、授業の仕方と教えられる内容を徹底的に批判し、独自に学習して、自分を絶好の搾取材料としてつくりだしているこの資本主義社会を根本からくつがえすぞ、という意志をもち・うちかためることである。

私は高校生のとき、ソ連が立脚しているものをマルクス主義と思いこんで、この思いこんだものにヒューマニズムを対置していた自分をひっくりかえし、マルクス主義をわがものとし現代世界に貫徹することを意志した。いま、若者の仲間たちにぜひ読んでほしいと思い、私が高校生のときに全生徒に呼びかけた諸文章を本書に収録した。

本書の諸文章はすべて私が書いたものであるが、かつて発表したものについては、その時点でつけた名前とした。

すべての労働者・勤労者・学生・高校生・知識人のみなさんが、本書に主体的に対決されることを望む。

二〇二四年一二月一九日

著者

Ⅰ　私は、こんな高校生だった

私は、高校一年生のときには、毎日毎日、サッカーをやっていた。蹴る力もなく、へたくそだった。それでも、部員数が足りないので試合には出ていた。ボールを奪いにいく闘争心と突撃力だけはあった。奪ったボールを真ん中に蹴りこめ、とだけ言われていた。

その年、一九六一年には、ソ連が核実験を再開した。一九五〇年代には、私たち子どもは、雨が降ると「放射能や。雨にあたったら頭がはげる」と言って家のなかに駆けこんでいた。一九六〇年には、中国共産党が、「たとえ核戦争が起っても滅びるのは帝国主義であって、その廃墟のなかから社会主義を建設すればよい」、という価値意識に立脚する反米総路線をうちだしていた。このことを新聞か何かで読んだのかどうかという記憶は、私にはない。

私は、もっとも根源的なものは実践であると考える、と同時に、マルクス主義には否定的だった。高校二年生になって、生徒会の運動部長になり学校側＝反動教師とたたかっていたとき、執行部か社研（正式名称は社会科研究部だったか社会科学研究部だった）かの誰かから、「ソ連はマルクス主義ではない、と言っている組織がある」、と聞いた。私は、「そうか。そう考えればいいのか。そうすれば、マルクス主義を現在に貫徹する、と考えることができる。そうしよう」、と考えた。私はマルクスの本をどんどん読んだ。

ここに掲載するのは、このただなかとそれ以降に書いたものである。

私は、二〇二四年の夏、三丘会館（同窓会館）に、自分が書いた文章を探しに行った。会館に案内してくださった雑誌部の顧問の先生と、いろんな資料を見せてくださり、雑誌に掲載された私の文章や当時の資料を探し出してコピーしてくださった同窓会の資料室担当の方、そしてお世話になったすべての方々に、この場で、深くお礼を申し上げる。

三丘評論第46号特集「自衛隊」賛否両論に感ず

一年　北井信弘

理論のバックボーン

まず、ＢＳ君の論の批判から始めよう。ＢＳ君はある誤りに陥っている。ＢＳ君は現実的な議論をしようとしている。しかし、現実的であろうとするあまり、世界の変化というものを忘れている。ＢＳ君は、現実の世界というものを固定してしまって、そのうえに日本がどうあるべきかと考えて議論しているのである。しかし、世界は固定されるべきものではないのである。世界はたえず変化している。その変化というもののうえにたってそれをみなければ世界というものについて論じられないのである。

また、理論と現実は決してかけはなれたものではない。それらは一致するのである。且つ、そのような理論でなければ、理論は理論としてその意味がないのである。平和ということを例にとって議論するならば、まず我々は平和ということに対する理想像即ち〔すなわち〕その目的を考えねばならない。そして今の状態からその目的にたっする手段、道具というものを考える。――これが理論の立て方である。ここにおいては、理論は完全に現実と一致する。しかし、ここで注意しなければならないことがある。それは理論をたてる過程においてある制約をうける、ということである。我々は、現実の現象というものを完全に認識することができない。また、完全に認識することができたとしても、我々の思考過程においてそれらをすべてその成分とすることができない。従って理論というものはそれが完全であろうとすればそれだけ未知のものを含めた、既知のものの抽象であるということができる。理論は抽象である。しかし、未来を考える場合において、それは、抽象化された現実のうえにたった抽象ではなく、あくまで具体的な現実のうえにたった抽象でなければならないのである。即ち、平和ということを例にとるならば、日本という狭い範囲の中からそれをみるのではなくて世界という大きなものからそれをみなければならないのである。

こう考えてくるとBS君の誤りは、明らかに指摘されるであろう。BS君は力の均衡即ち平和といえないということを十分認識していないのである。あくまで平和は我々の望む理想としての平和である。我々がその平和を目的とし、その目的にたちむかおうとするのは現実的でないのであろうか。その平和を達するためには力の均衡の状態を通らなければならないかもしれない。事実、現在力の均衡の状態である。しかし、あくまで力の均衡の状態は平和のための手段であって目的ではない。手段は目的に転化させられてはならないのである。

個々の批判

具体的問題にはいろう。BS君は日本が核武装するということがどういうことか考えてみたであろうか。もし日本だけをほおり出して核武装できるのをまっていたら、それはいつのことであろうか。日本の力だけでは核武装はできないのである。即ちBS君のように世界状勢はそのままにしておいて日本が核武装していたらなどと考えるほど論理は単純ではないのだ。日本が核武装した状態——それは日本がアメリカに完全に牛耳られた状態なのだ。そこにおける世界状勢——それは、力のプーッとふくれあがった、そして力の均衡が保たれている状態なのだ。そこにおいて平和ということがいえるのだろうか。

もう一つ。軍国主義でないが立派な軍隊をもつ——こういうことが可能だと思うのだろうか。軍隊（なんでもそうだが）がその力を十分に発揮できる状態というと、それが他のものによって抑制されていない状態である。即ち軍隊がすべての権限をもっている状態、軍国主義の状態である。立派な軍隊（戦争だといえば、すぐその力を発揮できるという意味において）を持つということと、軍国主義であるということとは同じことである。

自衛隊賛成論者に対して

これまで、BS君の論の批判という形をとって議論を行ってきたが、自衛隊賛成論者は、すくなからずBS君と同じような誤りをおかしているようである。従って反対論は賛成論者に対して説得力を持つものでなければならない。

賛成論者にしても最終目的として平和ということを掲げているようである。（勿論、この平和ということに対してもいろいろの見解がある。しかし、ここではたちいって議論しないことにする。この平和は力の均衡の状態でない平和である。）しかし、その手段に誤りがある。日本さえ自衛していれば、そのうちに平和になってくれるであろうというようなところがある。もし、それぞれの国が他の国からせめられたときに自衛するに十分なだけの軍備を備えるようになれば、それは、他の国からみればその国の自衛能力が減ったことと等価であり、またその国も軍備を増すであろう。このようにして軍備は増す一方である。このようなれば、現在より戦争が起こりやすい状態にあることは明白である。

日本が軍備を放棄することは決して片田君の言うような犠牲的精神ではない。それは当然のことである。日本が、自国が軍備を放棄することなしにどうして世界平和を望むことができるのであろうか。あげ足をとるようで悪いが、犠牲的精神を問題にするならば、片田君の国の為、親、兄弟の為に戦うはどうなるのであろうか。これこそ犠牲的精神である。核爆弾がパッとおとされれば、なんの役にもたたず死んでしまうのである。犠牲的精神を否定するのなら、これも否定してもらいたいものだ。

戦争はしたくないという気持ちと戦争が起る起らないとは別問題である。――これは事実である。しかし、だからといって戦争が起った時のために、と考えるのは議論が飛躍している。戦争は人類の破滅を意味している。従って戦争が起った時のことを考えるのは、人類がいなくなった時のことを考えることであり、それは無意味である。だから、我々は戦争が起らないようにする方法を考えるだけであり、それだけが我々に残された道である。

戦争とヒューマニズム

我々の理論はヒューマニズムの上に立脚しているといえる。即ち我々は、ヒューマニズムを理論の前提としているのである。ヒューマニズムを否定するならば、そこにはなにも残らない。ヒューマニズムを否定する思想を持つことは出来る。しかし、そういう思想を持っている人間がいるとするならば、僕は、自分をも含めて人類を否定する思想をもつ彼がなぜ、この世界に存在するのか不思議に思うだけである。ヒューマニズムを否定するならば、核爆弾がだれのあたまのうえで爆発されようとも彼は平気なはずである。僕はこのようなことを考えることができない。我々はヒューマニズムに立脚している――そう断言できるのである。

我々は、ヒューマニズムに立脚している以上、それが否定されるような行為を黙ってみていることができるであろうか。ヒューマニズムが否定される行為――核実験にしても、核武装にしてもそうである。人類の大虐殺以外に使い道のないこれらのものが着々と作られていくのをそのまま放っておいてよいというのであろうか。核兵器に対しては、それがいかなる理由によるものであろうとも断固反対すべきである。ヒューマニズムをその意味に解さない人間のする行為に我々はあやつられてはならない。そのような人間にヒューマニズムの真の意味を認識させねばならない。それが我々の義務である。

いま、人をひとりでも殺せば罰せられる。にもかかわらず戦争において、人を何千人と殺しても罰せられない。なぜだろうか。――これが、我々には大きな疑問である。戦争――それは殺人の大々的な宣伝である。戦争は人を殺すためになされ、人を殺すことによっておわる。そのような戦争をなぜ我々は黙認するのであろうか。互に武装しておれば必ず戦争が起る。自分が損をするような協定を結ぶより、相手のすきをねらって戦争する方が得に決っている。何が戦争が起らないように武装するといえるのか。武装を肯定するのは、戦争を肯定することである。戦争に反対するのなら、武装から反対すべきだ。

現在、戦争が起れば必ず核戦争になる。そして核戦争は人類の破滅を導く——これは必至である。どんな局地戦争でも全面戦争に発展せずにはいられない。現在、世界状態は東西の対立にある。そして、どんな局地も地球上に位置を占めている。従って東西のどちらかがその局地を得るかによって世界状態は変化する。即ち、どんな局地戦争も東西の対立という背景を考えることなしに考えることができないのである。

戦争観

他のことをなにも考えず、正統な戦争がありえると考えているものに注意しておきたい。現在はもう帝国主義の時代ではないのである。帝国主義の戦争に関しては侵略戦争と防衛戦争とがあった。しかし、もはや、現在は帝国主義の時代ではない。勿論植民地は残っている。しかし、そこで行われている独立のための努力がかつての防衛戦争、独立戦争といえるべきものか考えてみればわかるであろう。自国が侵略されると考える場合、その歴史的意味を考えてみる必要がある。なんのための侵略か侵略の必要のある場合、はたして武力で侵略を試みるかと考えることも必要であろう。

マルクス・レーニン主義による、帝国主義をほろぼすための革命戦争を考えているものもある。これは、帝国主義の盛であった、そして、核兵器などという破壊力の大きなものの考えられなかったマルクス、レーニンの時代にできた理論である。それを現在においてもなにも批判することなく信じているのはバカバカしいことである。現在には現在の世界というもののうえにたった新しい理論が必要である。それでこそ世界は発展するのだ。

僕は、世界はアメリカ式の制度におちつくとも思わないし、また、ソ連式の制度におちつくとも思わない。しかし、だからといって世界のおちつくべきところが、その中間にあるとも思わない。歴史は立体的に発達する。世界は、民主主義という一つの基盤の上に立って、現在のあらゆる制度より次元の高いものへと発達しなければならないのである。現在、武力戦争による革命をしようとするならば、それに勝つために核兵器を使わねばならない。しかし、その核兵器は、それまでのすべての歴史を消し去ってしまうのである。

こう考えてくると、戦争というものをそれ自体によって否定することができるのである。即ち、正統な戦争というようなものは存在せず、もはや、現在は戦争の必要のない時代である、といえるのである。そしてまた、核兵器というものを考えるならば、その破壊性によって戦争の無意味さを示すことが出来る。且つ、戦争は核兵器の出現によってよりその残虐性が許すべからざるものになってきたのである。

日本のとるべき態度

議論を日本に限っても戦争が如何なるものになるかわかるであろう。現在、日本はアメリカと安保条約を結んでいる。従って日本にアメリカが侵略してくるということは考えられない。ソ連が侵略するとなるとどうなるであろうか。アメリカにとっては日本を失うということは大きな損害である。だから、アメリカはソ連に対して攻撃を始めるであろう。今度は日本が中立になった時のことを考えよう。日本がアメリカかソ連のどちらかから侵略をうけたとする。それを放っておくと相手にとっては非常な不利となる。

従って攻撃を始めるということになる。即ち、日本が侵略を受けるということと、世界戦争が始まるということとは同じことなのである。

ここで注意してもらいたいことがある。それは、以上の考察が日本に軍備がある、ないにかかわらず同様に成立つ、ということである。これは何を示しているのであろうか？ それは、世界という立場からみると、日本に軍備があってもなくてもたいしたことはないということを示している。軍備を、日本が侵略を受けた場合にどうかというのは無意味なことなのだ。世界的観点からすれば日本だけが攻撃を受ける場合などというものは考えられないのである。日本が攻撃を受ける時、即ち、世界戦争中なのだ。こう考えると日本が軍備をもつということがいかに無意味なことかということがわかるであろう。いや、日本が、軍備をもつ国が、少なくなるということはそれだけ戦争のおこる可能性を少なくする。しかし、一国でも軍備をますような国があれば、それだけ戦争のおこる可能性が多くなるのである。

ここでもう一度ヒューマニズムという立場を強調しよう。我々は、戦争が、核兵器が、いかに人殺しのためであるか知っている。こんなことが公然と行われてよいのだろうか。また、我々は戦争が、核兵器が、軍隊がいかに無意味か知っている。我々は日本という狭い範囲の中にたっていたのではいけない。世界という大きな観点に立ってみなければならないのだ。積極的中立主義という言葉がある。それだ！ 日本もそれ自身の範囲にとじこもっていたのではいけないのだ。積極的に世界に働きかけねばならない。軍備を撤廃し、世界平和を築くために、我々の行動は政治的になるかもしれない。しかし、ヒューマニズムということを忘れてはならない。われわれの目的は人類にあるのだ。

（『三丘評論』第四七号、大阪府立三国丘高校、一九六二年二月五日発行に掲載。——生徒と教師でつくる雑誌であった『三丘評論』は、学校の反動化によって、これの次の号である第四八号をもって廃刊に追いこまれた。）

22

巻頭言

北井信弘

ぼくは勉強しながらフッと疑問におもう。

これだけ勉強しても大学へはいれるのは十人にひとり。運良くはいれた〝ひとり〟のうしろには〝九人〟の犠牲がある。あとの九人の努力はどうなったのだろうか——こんなことでよいのだろうか。勉強とはなになのか。

みんなは九人をけおとすことを目的として生活する。その生活は外からの強制以外のなにものでもない。生活の自発的なたのしみはない。そこにあるのは、隣人へのにくしみ、自己の堕落、生活からの逃避だけだ。

ぼくは芸術家をうらやましくおもう。かれらこそが唯一の幸福な人間なのだ。かれらにとっては芸術すること——すなわち自己の労働がたのしみなのだ。だが、われわれはどうだろう。われわれにとっては労働からの逃避がたのしみの前提となるのだ。

それでも、われわれはたのしもう。労働をたのしみとできることを理想として、われわれはたのしい生活をもとめよう。生活にたのしみを発見するのだ。生活にたのしみを創造するのだ。

(『学園』第二号、三国丘高校雑誌部、一九六三年二月二五日発行に掲載。——『三丘評論』に代わって、生徒が雑誌部をつくり、『学園』を発刊することとなった。職員会議で了承された。ヒトラーの真似をして生徒を笑わせる良心的な教師たちが反動的な教師たちに負け、次善の策をとったのだ。)

能研テストについて

三年　北井信弘

〝高教組は能研テスト反対の態度をとっている〟〝×数の学校では職員会議で「反対」を決議した〟（逆に「賛成」を決議した〟――数はすくない）〝生徒が能研テスト反対の活発な活動をしている学校がある〟〝申込者数は予想を大きく下まわった〟〝最初だから一応の成功だ〟等々。新聞紙上をにぎわしているというほどではないが、少々そういう記事がみられる。

〝能研テスト〟とは、〝能力開発研究所〟のおこなう全国共通の〝学力・能力テスト〟のことである。ことしは十一月十六日（土）と十七日（日）の二日間、高校二年と三年および浪人のそれぞれの希望者を対象にして、国語、社会、理科、数学、英語の五教科と適正能力テストがおこなわれる。

〝能力開発研究所〟は大学、高校、文部省、財界が協力して、民間団体（財団法人）という形をとってつくられたものである。そして、文部省は三年間の調査後には能研テストによって大学入学の合否をきめようという構想をえがいている。すなわち、現在の大学入試制度では「大学教育を受けるにふさわしい適格者が選ばれているとはかぎらない」ので「適材選抜の理想的な方法の実現をめざして」〝能研テスト〟を考え出したのだ。――現在の大学入試制度では各大学ごとに試験問題がちがっているが能研テストでは全国共通になる。また、二年のはじめ、三年のはじめ、そして高校全部の試験と三回試験し、その合計点で大学へ入学の合否をきめるようにする（浪人しても一、二回目の試験の点数は入れ変わらない）と、浪人することがあまり意味をもたなくなり、また強力な進路指導が可能になり、能力者の選抜をたやすくする。

現在、二、三年生にとっては〝能研テストによって自分の全国順位がわかる〟とか、〝成績があとあとまでついてまわる〟とかいうことが現実的な問題であるとおもう。しかし、ここで一歩すすめて、なぜ〝能研テスト〟が大学入試制度の改善者として登場してきたのか、ということを考えよう。

能研テストは大学入試を改善するものとして登場してきた。大学入試の改善とはいったい何だろうか。われわれは大学入試がどうなることをのぞむのだろうか。われわれは自分が大学にはいれることをのぞむ。〝自分が〟である。

勉強のよくできて少々高慢なヤツは〝オレは勉強ができるから、はいれるのはあたりまえで、くだらん（！）ヤツは大学へなんかいれないほうがいい〟という。〝くだらんヤツは〟である。〝自分〟はどれだけ〝くだる〟というのか！

また、ごていねいに勉強ができもしないくせに〝大学へは能力のあるものがはいるべきだ〟というヤツがいる。そして、すべって、〝オレには能力がないんだ〟と落胆しているのだからおそれいる。

〝高慢なヤツ〟にたいしていおう。オマエは偶然にもよくできる人間の部類にいれられたにすぎないのだ。そして〝落胆したヤツ〟にたいしていおう。オマエはもともとからアタマが悪いんじゃない。いままでオマエのアタマの発育がおさえられるような教育がなされてきたからにすぎないのだ。

ところで、より多くの者はみんなが大学へはいれたらいいとおもう。しかし、これで問題は解決するだろうか。解決しはしない。そうすると大学へはいけても、就職できるとはかぎらなくなるのだ。ほとんどのものはよい職業につくために大学へいくのだから。

われわれはここで問題をよりすすめるか、後退させるかをせまられる。すなわち、みんなにたいしては開かれていない大学の門をなおも批判していくか、それとも少数者の選抜をしかたのないものとして承認するかである。ぼくは〝しかたがない〟ということばを発しない。批判をどこまでも続けよう。

能研テストはこの根本的問題になんらせまるものではない。まったく逆だ。少数者の選別を強化するものである。ここにわれわれは能研テストを行おうとする者のわれわれとはまったく対立する意図をみとめないわけにはいかない。

われわれによい大学へいきたいという欲望をおこさせる原因は、どういう学校をでたか、ということによってその人間の社会的地位が決定されることにある。中学をでただけのものは単純肉体労働者に、高校をでたものは中級技術・事務労働者に、そして一流大学をでたものは、社会の各分野を指導する幹部に、また逆に、労働人口のこの社会的構成が教育を規定する。すなわち、社会の要求するそれぞれの分野の労働人口をつくりだすために学校が建てられ、その教育内容が決定されるのだ。この労働人口の社会的構成に巨大な差別がある（日雇労働者――半失業者――と高級技術者・高級事務官僚との間なん段階にもわたって）ために教育は人々の間にその差別をつけることを最大の任務とするのだ。能力差はここにあらわれる。それが先天的であるかのようにおもいこまされるのだ。

これが資本主義社会における教育の本質である。そして、それは資本主義的生産の様式によって規定されている。工場・機械・原料等々は資本家が独占している。労働者はそれらのものをなにも持たず、自分の体、労働力だけが生活をささえるものである。資本家は生産を有効におこなうために、労働者を機械によくあうようにつくりあげねばならない。ここに教育があるのだ。

現在日本において、生産の高度化オートメ化が経済の高度成長政策とともに急テンポですすめられている。それはアメリカからの資本の輸入をバックにし、かつ、独占資本は東南アジアの諸国に経済援助という美名のもとに資本を輸出し、そこに市場をもとめている――帝国主義的侵略――。日本のOECD加盟も西欧帝国主義諸国の連携のなかにあみこまれようとする同様の欲望からである。そして一方、資本家階級はオートメ化にみあった人材を生産する必要にせまられている。オートメーションをうごかすことのできる人材―中級技術者である。そしてそれとともに、社会の指導的な幹部となるべき人材もきびしく選別し、開発しなければならない。――ここに、高校における職業訓練の強化と能研テストが登場する。能研テストは強力な進路指導とともに〝人材の選別〟の部分を担当するのだ。

文部省も十分認識しているように、「大学入試は学習指導要領以上に力がある。」大学入試にともなうはげしい競争によって、資本家階級―政府―文部省は高校教育を有効に支配してきた。

しかし、また一方において、文部省は資本家階級の要請にしたがって――日本の資本主義の発展にみあった人材を生産するために――教育の国家統制を強化し、教育の直接的一括支配をねらっている。文部省は勤評〈勤務評定〉などにより教師の統制を強化し、そして学力テスト、教育課程の改定などで小・中学校の教育をいっそうその手中におさめてきた。そして高校において、ことしの一年生から新教育課程が実施されるようになった。ここに高校教育もまた、より発展した日本資本主義の要求する人材を生産すべく、あたらしい形態をもってころもがえをする。各大学ごとに異なる試験問題にかわって全国共通のテスト―能研テストが登場する。高校教育は能研テストをめざすようにくみかえられる。――これが能研テストの一面、高校教育にあたえる影響である。

ブルジョアジー（資本家階級）の高校教育支配の強力な武器である、大学入試にともなうはげしい競争は同時に、人材の生産過程におけるおおきなロス、多量の青年労働力を浪人として野ばなしにすることをもたらした。それは有名校、有名学部への集中によって「有能な人材」を浪人とすること、および「大学入学不適格者」までも二、三年浪人として遊ばせておくことの二つの面をもつ。資本家はその青年労働力をもっと有効に使おうという自己の欲望においたてられている。ここに、高校一、二年から能研テストをおこない、強力な進路指導で浪人をつくりださないようにしようとする。そして三％程度の社会の各分野を指導する幹部にしたてあげようとするもの以外には、高校において職業訓練を強力におこない、オートメーションにみあった中級技術者につくりあげようというのだ。また、幹部として生産すべき人材を経済、社会、科学、技術などのどの分野にわりあてるかも重大な課題である。大学の学部の構成を社会（ブルジョア社会）の要求にあわせようという問題も提出される。こうして能研テストは社会の汚物、浪人を一掃する。資本主義の社会機構のすこしでもよいところにあみこまれ、ささやかな社会的地位を獲得しようとする生徒の欲求は自由競争の場をうばわれる。競争は能研テストというイチジクの葉の下で激烈をきわめる……

このように能研テストは日本ブルジョアジー（資本家階級）の要求を基礎として、資本主義的人材を生産する教育の国家――ブルジョアジーの四肢たる国家権力――統制の一環としてあらわれてきたのだ。

大学入試の改善者、能研テストはこのような本質をもつ。しかし、われわれはまだ、どのようにして大学入試を変革するか、という問題を提起してはいない。大学入試の改善者、能研テストはブルジョアジー（資本家階級）のあやつり人形であること――これだけがわれわれのいいうることである。

われわれは、資本主義はいかにして粉砕されるかをしらない。われわれは資本主義が粉砕されたあとにいかなる社会がうちたてられるかをしらない。それらは能研テストに関する分析・批判だけでなく、資本主義の全般的分析・批判によってはじめて展開される。

われわれは現在の教育を不満とし、その本質――教育がブルジョア支配の道具であること――をバクロした。ここに教育の問題（大学入試の問題をはじめとして）を解決すべき第一歩がふみだされた。それは同時に資本主義批判の第一歩である。

（『学園』第四号、三国丘高校雑誌部、一九六三年一一月八日発行に掲載）

わたしは〝教師〟になる

わたしは〝教育者〟としての教師ではない！
〝労働者〟としての教師になる！

三年　北井信弘

ぼくのまわりには教師になろう、という人間がたくさんいる。〝教師〟はぼく自身が以前になろうと考えたことがある、そして現在でもまだすてさっていない職業なのだ。しかし、以前といまとで〝教師〟にたいするぼくの見かたはまったくかわっている。ところが、ぼくのまわりの教師になろうとしているものは、そして同時にぼくのしらない教師になろうとしているものは、そのほとんどが〝教師〟にたいして、以前のぼくとおなじ幻想、あわい夢をいだいているとおもわれる。〝教師〟にたいする幻想――ぼくはそれを批判した。そしていま、この文章をよむ人々にたいしてその批判をあきらかにしたいとおもう。

教師になろうとする人間は現在の、大学をでて大会社へ就職、また女性であれば花嫁修業から家庭へ、というコースにたいして、そして、そういうコースの強制にたいして不満をもっている。また、かれら自身がいままでうけてきた小学校、中学校、高校の教育にたいしてすくなからずの不満をもっている。その不満がどのようにしてでてきたものであれ、かれらは自分が教師になることによって、自分が子供と接し、自分自身で教育をかえていこうとするのだ。（このようにつっぱなして、ある意味において冷淡にかくのをゆるしてほしい。ぼくにとって過去のぼく自身批判の対象なのだから。）

ここで、教師になろうとどのように考えているか典型的なふたりを紹介しよう。それは『学園』一、二、三号に連載された水本さんの小説「堤防」の主人公佐伯杏子さんであり、『学園』三号に「父さん、母さん」をかいたC・Mさんである。

「学力テスト等においても、田舎の子供は町の子供よりもかなり程度が低いのは事実です。けれども、高くしたいのならそれで、どうして子供達がもっと充分に勉強できるようにしないのでしょう。それもしないで、テスト、テストでおいまわすのはあまりにもかわいそうです。それに、学力テストという形の全国共通のあんな紙一枚で子供たちの能力を知ろうというのはむりなのです。都会の子供と田舎の子供の能力は同じ観点からはとうていはかることのできないものなのです。個人的にみても、『どうも、この村の子供たちは町の子供たちにくらべて程度がひくい』等と時々いわれます。そんなとき私は、大きな声で『子供達から自由をうばわないで下さい。子供達の成長を妨げないで下さい』とさけびたくなります。それでも、私は今、幸福だと思います。私は教師であることを職業だと思っておりません。私は自分が人間であるのと同じように、自分は教師であると思っております。私は、死ぬまで人間でありますから、やはり、死ぬまで教師であるつもりでおります。」（強調は引用者、一号、一一三ページ）

というテレビでの教師のことばをきいて杏子は教師になろうという心をつよくするのだ。

このテレビにでてきた教師は学力テストに反対している。そしてその反対のしかたには田舎にいる教師としての特殊性がある。そのために、権威的な教育政策に反対しながらも、教師であることを「幸福」だと思っている。ところで、都会にいる教師は自分が「幸福」だと自信をもっていえるだろうか。学力テストをはじめとする教育政策に反対するとき、田舎という特殊性――程度がひくいということ――を強調することによって、その批判をみずからせばめ、一般性を欠いているのではないだろうか。そして、町においつくことを自分の仕事として規定して、その仕事のなかに「幸福」をみいだそうとしているのではないか。

杏子の友達、林直子は彼女にこうはなす。

「それとね、私、女医さんになる以上、やっぱり一生続けるつもりやったでしょ。けどその気持ち、なくなったの。女の人の幸福ってやっぱり家庭やわ。な、みて、私らのまわりみたらわかるでしょ。職業に生きた女の人って決して幸福には死ねへんかったはずよ。みんな、一応はやっぱり〝女〟として生きること、平和な家庭でいい奥さんになることを望むんやわ。職業に生きる人はそれに失敗したから、レジスタンスとして職業にうちこむんやわ。結局〝女〟として、負けたんやわ。それにね、佐伯さん、あなた、こんなこと思ったことない？　小さな幼児が遊んでるでしょ。そしたら私、たまらなくかわいくなるの。小さな赤ちゃんをみたら抱きたくなってしまう。私、それを感じたときね、やっぱり自分で自分の子供を育てようと思ったの。」（二号、一〇一ページ）

そのあといくつかの事件があって、杏子はそれらのことに対してこう思う。

「――女性らしさ、女性らしさと思ってるんだ。何が女性らしいもんか。みにくい。女性らしくあろうとする〝女〟のみにくいモガキにすぎないじゃないか。バカバカしい。けど、私みたいなのは本当に魅力ないのかしら。私、まちがってるんやろか。いいえ、ちがうわ。五郎さん、あの人はそういった。決して魅力がなくなったんじゃない、私の成長やって。そうや、わかってくれる人はわかってくれる。私の魅力、人間として先生として、社会に生きる私の魅力、それが私の魅力なんやわ。女性らしさとちがう。私には女性らしさはなくなっても人間らしさはあるわ。私には家庭も妻も赤ちゃんもないかもしれへん。せやけど私にはそれよりもっと大切な職場と先生という仕事と生徒があるわ。そんな私を五郎さんだけはわかってくれる、あの人だけや。私を知ってくれているのは――。」（二号、一〇六ページ）

ここにあるのは、女性の社会的進出とそれにともなう家庭との矛盾の問題である。この問題は〝教育〟および〝教師〟を問題にしている現在において、ちょっと系統のちがう問題である。しかし、女性が一生の職業として職業をえらぶとき、〝教師〟というのは重大な位置をしめている。なぜなら、女性にはB・G〔ビジネス・ガールの略。その後、これでは商売女ということになってしまいよくない、という話になり、O・Lオフィス・レディと呼ばれるようになった。ここでは当時のままに表記する〕などというのもあるが、それはほとんどのばあい、結婚するまでであるからだ。〝教師〟という職業には〝教育〟の問題が大きくからんでくるが、同時に女性は〝女性の社会的進出〟という問題をせおって〝教師〟という職業につくのだ。そして〝教師〟のなかに存在する――もちろん他の職業でも同様であるがまたちがった形態をもつ――この二つの問題はギロンをすすめていくなかで互いに関連しあい、そして他の多くの問題とともに包括された一つの問題として、あたらしい論理的展開の一歩をふみ出すであろう。（この現在のぼくの原稿でそこまで展開できるかどうかはわからないが。誌面的、およびぼくの能力的問題で。）

女性の主要産業への進出は女性の解放をしめすものである。

私有財産制の出現とともに女性の世界史的敗北がはじまった。男性は自分の子に自己の私的財産を相続させようとする欲求から、女性にきびしい貞操を要求した。そして女性は家族において男性に隷属させられ、また、男性の情欲の奴隷となった――。この女性の地位は以後の全時代を通じて、あるいは強化された形態で、あるいは緩和された形態で貫徹されるのだ。

古代ギリシャのデモクラシー――奴隷労働を基礎とした――において、自由民の男性にしか選挙権がなかったという事実（奴隷制においては女性の社会的地位はどんなであったか？）、封建制における女性の抑圧の事実を見よ。

そして、資本主義の発展とともに女性の自己解放闘争も激化してきた。市民革命ののち、労働者および小ブルジョアジーの普通選挙権をかちとる闘争のなかで、女性の選挙権を得る闘争もまた同時的にすすめられた。そして、ついに女性は法律的権利的（および義務的）平等をかちとったのだ。しかし、このことはなにも女性が最後的に解放されたことを意味しはしない。法律的平等によって、女性の自己解放闘争が最後までたたかいぬかれる場が提供されたのだ。

ここで問題はちょっとずれるが、〝女性はまだ解放されていないといっているが、アメリカやヨーロッパなどでは女尊男卑という逆の現象がうまれてきているのではないか〟という疑問をもったものにたいしてひとこと云っておこう。――ここで問題になるのは、アメリカなどでみられる女尊男卑の実体はなにか、である。そしてその現象はまったく社交上のことであることがわかる。まさにわれわれの目にふれるのは、ハリウッドとか、上流階級の社交場でのできごとがほとんどなのだ（黒人の生活などかたられることがない）。そして、アメリカへ行った人の口から、男性は女性の下ではたらくなどおもいもよらないことだとおもっているという事実、家庭における男性の横暴の事実（ペティコート・ガヴァメントは例外的なもので、男性の横暴の単なるうらがえし現象にすぎない）がおどろきをもってかたられるのだ。

すなわち、アメリカなどにおいても女性は主要産業に進出してはいない。支配階級において女性はチヤホヤされているにすぎないのだ。そして、女性は男性にあそばせてもらうことによって、みずから社会的にはなんの役にもたたないことを見せびらかしているのだ。女性は男性のおもちゃなのだ。

ところが、被支配階級においては、女性はまたこれとちがった位置をしめていた。市民革命ののち、産業革命が進行して、工場制機械工業が発展し、きわめて単純な労働力をもつ大量のプロレタリアートを必要とするようになった。女性も子供も生産過程にひきいれられた。賃金は下げられ、労働者はその子女まではたらきに出さなければ生活を維持することができなくなった。ここに女性も男性とともに単純労働者として、資本主義的搾取のなかにあみこまれていくのだ。

これまで女性は家内労働にしばりつけられていた。ところが生産力の発展にともない、その家内労働の比重は、ますます小さなものになっていった。そして、女性は家族内にとじこめられているのでなく、社会的に進出するその基礎をえつつあるのだ。現在においては、その経済的基礎はほとんど成熟している。問題は、その女性の社会的進出をはばんでいる政治的制度的およびイデオロギー的外皮をうちやぶることだけである。

女性の解放、社会的地位の獲得は、労働から解放され、男性にチヤホヤされることにあるのではない。逆に、女性が主要産業において労働することによって、社会的地位は獲得され、女性は最後的に解放されるのだ。――教師になろうとするのは、このような女性の自己解放闘争のなかに位置づけされなければならない。もちろん、個人はそこまで意識してはいないであろう。しかし、社会的な、一生の職業をもとうとすることによって、内在的にはまったくその意識を身につけているのだ。B・Gのほとんど、だいたい生活が安定している中間的階層の人間のように、あそびの一つの形態としてでなく……。

もとへもどろう。

杏子の日記、三月六日のところにはこういう文がみえる。

「私はやっぱり先生になろうと思う。逃避かもしれないが、教育の社会では、お金をもっている量によっての差別が全くないからだ。あるのかもしれない。けれど、私にはないように思える。

又、純粋なままの子供を純粋なままに育てることもできる。」（三号、一〇二ページ）

杏子にとって〝職業〟と〝家庭〟とは対立していた。どちらをとるかが問題であった。そして、〝職業〟のほうをえらんだ。〝家庭〟を犠牲にして。

しかし、ぼくはまえのところで、家族内の労働はますますちいさな比重しかしめなくなっていること、だから、経済的には女性も十分社会的に進出できることを指摘した。そして、女性の社会的進出は制度的および人々の観念にひそんでいる〝ワク〟、すなわち、政治的（およびイデオロギー的）外皮によって阻止されていること、だからそれが打ち破られねばならないものであることを。

このような矛盾の中で、杏子は現在の社会をきたならしいものとおもい、純粋な社会、〃教育〃の社会に心をひかれるのだ。そして、杏子は教育をまったく神聖視してしまった。——〃一生の職業〃をもとめようとすれば非常な圧力のかかってくるこの社会で、杏子はそのような社会を変革しようとするのでなく、そのような社会で純粋なままにのこっている一角をさがしもとめ、そこに身をおこうとした。そして、その純粋な一角をみずから自分の心の中につくりだし、そこに身をおくよう決心したのだ。しかし、その一角は彼女のおもっているように純粋なのだろうか。すなわち、教育は純粋なのだろうか。いや、純粋とはいったいなんなのか。

友だちとぼくがはなしていたとき、その友だちは、いまの教師は、教育者としても、ティーチング・マシンとしても失格だ、といった。興味のあることばだ。そしてその友だちは、ぼくとはまたちがった考えのもちぬしなのだ。〃教育者〃〃ティーチング・マシン〃——われわれはそのどちらの意味をもはっきりとはさせなかった。しかし、われわれはそのことばの中で、個々の教師の背後にある強大な力、個々の教師の独自性への疑問を意識していた。

ここでは疑問符のままにしておいて、C・Mさんの文にうつろう。

「でも父さん、母さん、私はどうしても〔大学へ〕行きたいのです。見えや体裁のためではなく、立身出世主義のためでもなく、ただ一つ、小さな望みのために……。小さくても、私にとっては大切な、大きな目的のために……。私は勉強しなくてはならないのです。たとえ、私には、社会に対して働きかけることのできる力がなくてもやらなければならないのです。」（三号、二五ページ）

「父さんは町工場の労働者……一日中、あくせく働いて国民の祝日という日にも休みなく、自転車で雨の日も出かけてゆく父さん。父さんの苦労は、父さんから聞かされないでも、父さんの頬や手のひらに刻まれた一つ一つのしわの深さでわかります。父さんのなにげない言葉の中からも、ひしひしと伝わってきます。だから父さん、それだけに、私はがんばって生きたいのです。父さんと同じような労働者の人達の子供達のために……

父さん、私は学校の先生になるんです。」（同、二五〜二六頁）

「世間の甘さ、からさをいやというほど知ってしまった父さんや母さんには、私の目標が夢に近いような理想主義に見えるかも知れません。でも父さん、母さん、私の人生はこれからです。たとえ失敗しようとも、私の人生を私の手で切り開いてゆくつもりです。一度しかない人生を私の精いっぱいを尽くして生きることができたら……。私の人生は、これからますます苦しいものとなるかもしれません。私の甘い考えが破られる日がやって来るかも知れないでしょう。でも、たとえ、その日がやってきても、それに耐えてゆくことができるぐらいの、ねばり強さを今から身につけてゆきたいのです。」

（同、二六ページ）

ここから、彼女の生活環境とそれにもとづいてうまれてきた人生への希望がうかがえる。もちろん、これだけの文から結論をくだすのはまったくあさはかなことであろう。しかし、これだけはわかる。――彼女はくるしい生活環境のなかで、その生活環境からして、あたらしい希望のある、そしてもっとくらしやすい社会をもとめていた。彼女はつよく、自分で人生をきりひらくことをしいられ（自分のたよる人間がまさに自分自身である、という意味において）、また、つよく生きようとするその意志を自分の中に形成し、それをつよいものにしていった。そして、彼女の人生とは、社会をもっとくらしやすいものにする、そのために自分がすこしでも役にたつようなことをする、ということであるからだ。そして彼女の〝職業〟とは〝教師〟である。

さらに先をみていこう。

『『先生があんな事をしているのに、あなたは安心して子供を学校にまかせておけるのか』『あんな先生はまるでならず者ではないか』『日雇労働者と同じだ』『あんな教師を弁護するのは共産党だけだ』『子供が可愛くはないのか』

これは人間の壁の中の教職員組合に対する非難の声の数々です。親達が教師に全く責任を負わせているようすにも問題があると思いますし、教師を何と解するのか、つまり聖職と見るべきかどうか、ということや、共産党というものに対する考え方、それに日教組はいかなるものであり、教師はどこまで権利を追求すべきであるのかなど困難な問題がたくさんあります。」（同、二八ページ）

「極度の貧しさや家庭環境の複雑さは、これから成長してゆく、そして将来、社会を背負ってゆく、新しい社会を、よりよい社会をになっていくはずの子供達にとっては、あまりにも過酷すぎます。子供達に夢を与えなければならないと思うのです。生活のせわしなさが、幼い子供達をしてさえも現実的、打算的にならしめるのです。子供は家庭環境や社会環境に大きく左右されます。その中の一つである教育の場は家庭につぐ大切なものだと云えるのではないでしょうか。日本はまだ社会保障さえも十分にゆきわたっていません。政治問題にまでつながる大きな問題もたくさんあります。でも、私には、私一人の力ではそんな大きな問題はどうにもならないのです。私は一つの教室の中で五十数人の子供たちといっしょに考え、いっしょに歩んでゆきたいと思います。それが一番の私の夢であり、ま

た私の人生に直結した現実的な目標でもあるのです。」（同、二八〜二九ページ）

C・Mさんは最後に「父さん、母さん……ただ私が一つの願いで教育に生きようと決心したことを、どうか知っていて下さい。」（同、二九ページ）と書いてむすんでいる。そして、それは「子供」を「大きく左右」する「家庭環境」や「社会環境」を変えていこう、ということであろう。彼女は現在の社会を「極度の貧しさや家庭環境の複雑さは、……子供達にとっては、あまりにも残酷すぎ」るとして批判し、その批判のもとに、自分はどう生きるか、ということを意識したのだ。そして、また、それは「政治問題にまでつながる」ものである、ともおもっている。

しかし、彼女はそういうするどい批判をしながら、二つのあやまりをおかしている。その一つは「私一人の力ではそんな大きな問題はどうにもならないのです」という部分である。もちろん、これだけの文ならなるほどと思う。それはまったく事実であるからだ。しかし〝だから自分ひとりでやれることをするのだ〟という結論は、けっして出て来はしないのだ。ここからは〝だから、おおくの人間と団結してやるのだ〟という結論がでてくるのだ。彼女はなにも特殊な人間ではない。彼女の意見に賛成する人間はなん人もいるだろう。それらの人間が団結し、なかまをふやし、社会を変えていこうとする活動こそが必要なのだ。

そして、もう一つのあやまりは「教育の場は、家庭につぐ大切なものだと云えるのではないでしょうか」という部分である。これもまた、これだけの文なら、事実であり、あやまりではない。しかし、彼女はあとのところで「政治問題」という問題を提起しているにもかかわらず、ここでは〝教育〟を〝政治的〟からまったく遊離させてしまっているのだ（本質的には、〝教育〟は〝政治〟の土台である〝経済〟にまったく規制されている）——ぼくはここに「堤防」の中の杏子が、教育を純粋なものとするのとまったく同じ、〝教育〟に対する幻想を見出すのだ。Ｃ・Ｍさんもまた、自分ひとりでできる、そして自分の役目をはたすことのできる、そのような仕事をさがしもとめ、〝教育〟を神聖視することによって、ついに〝教師〟が「私の人生に直結した、現実的な目標でもある」という結論をつくり出したのだ。

——いままで非常に強い書き方をしてきたが、けっしてぼくは教師になるな、といっているのではない、ということを頭につねにもっていてほしい。杏子にしても、Ｃ・Ｍさんにしても、現在の教育を不満としているのだ。そして、教育は純粋なものであるはずだという〝願望〟から、現在の教育も純粋なものになるはずだ、と論理をすすめ、自分が教師になることによって純粋な教育をやろうという結論をひきだしたのだ。しかし、現実には彼女らひとりの力では、教育はもとのままであり、変革されず、純粋なものにもなににもならないのである。彼女らは〝教師〟になったとき、まったく失望におちいるか、それとも、一生、はたされないあわい空想をいだきつづけるか、のどちらかであろう。ぼくは彼女らを批判することをとおして、おなじような多数の人間の〝教師〟にたいする幻想をうちくだこうとおもうのだ。——われわれは、現在の教育を不満とするのなら、まずその教育をしずかにみつめることからはじめねばならない。そして、なぜそのような教育がでてきたのか、と教育の本質をあきらかにしなければならない。

ここでもう一度〝いまの教師は、教育者としても、ティーチング・マシンとしても失格だ〟ということばをおもいだそう。ぼくの友だちにはわるいが、おもしろいことばなので、このことばのぼくの解釈をもとにギロンをすすめよう（そんなつもりでそういったんじゃない、などといわないでくれたまえ）。

教育者として失格だ、ということは、教師は自分のおもうように教育することができない、教師は自己の人格のもとに教育することができない、ということをしめしている。入試、学習指導要領などによって、教師はまったくしばられているのだ。それ以外のことを教えることはできない。一見、おもいどおりに教えているようにみえていようとも、それはそのワクをふみはずしていないことによるにほかならない。

しかし、教師を上からの強大な力によってティーチング・マシン化しようとしても、教師はそれほど従順ではない（および、技術がそれほどたかくはない）のだ。教師は機械ではない。しかし、人間としての教師がまったく権力者の要求どおりの教育をしているのだ。

これは〝教師〟の面から教育をみたものだ。もうちょっとちがった面からもみておこう。

「教育」は「お金をもっている量によって」「全く」「差別」される。

小学校にはいったとき、もうすでに生活環境のちがいによって、子供たちの間にはちがい（能力的な）が生じている。小学校、中学校のときの学校における教育はまったく平等である。しかし、以前から不平等のあるものにたいして形式的に平等な教育をおこなうのはまったく不平等な教育でしかない。すなわち、その間の教育は、小さな能力の差をおおきくする以外のなにものでもないのだ。

まずしい家庭にそだって、家の仕事などをしながら勉強して、よくできたりすると表彰される。そして、たとえ家がまずしくともこんなによく勉強ができるのだ、ということがしめされる。しかし、このことをもっとよくみよう。もし、まずしい家庭のものがみんなよく勉強ができるのなら、それがあたりまえであって、表彰されることなどない。それが特殊だから表彰されるのだ。そして、生活環境によって能力差が生じてくるという事実をおおいかくし、生活環境をそのままにしておいて、その生活環境のなかで勉強にはげみさえすればよいのだ、というふうにおもいこませようとするのだ。もちろん、自分のそだってきた生活環境は過去の事実であって、それはうごかせない。しかし、われわれはそれを変えていこうとしなければならないのだ。——つけ加えておくが、〝まずしい家庭〟ということから一定の〝能力のない人間〟がつくりだされるのではない。奮起して勉強する人間もでてくる。そして、それらの人間には奨学金制度などもある。そのようなごく少数の人間とともに、非常に多数の人間が中学校をでただけで（小中学校へさえもいけないものがいる）単純労働者としてうみだされるのだ——これが現在の教育制度の本質なのだ。

教育は、教師がするのではない。教育は、支配階級が教師をつかってするのだ。教師は教育からまったく疎外されている。教師が教えているのは、支配階級にとって支配につごうのいいことだけである。教師の意志にはまったく関係がない。教師が自分のおもいどおりに教えているように意識することができるのは、その教師が支配階級の代弁者になっているばあいのみである。そして、教師は自分の教えた児童、生徒がどうなっていくのか、それにまったく関与することができない。教師の意志に反して、おおくのばあい豊かな生活ができるとはいえないのだ。

現在の社会では、人間は少数の高度の能力をもったものと多数の単純労働者に分裂させられる（もちろん、高校をでたくらいの中級技術者、中級事務労働者——ホワイト・カラー——も同時にうみだされる）。そして、少数の能力をもったものも、その能力は細分化され、その高度化能力は、個人において、ちいさな専門的分野に固定されてしまう——これは資本主義的生産様式に、その分業の法則に、その階級対立、資本家と労働者の階級対立に、その本質をもつ。教育はそれに合った人間をつくりだしていくのだ。

だから、教師個人がいくらがんばろうとも、教育を変革することはできないのだ。教育は純粋なものでもなんでもない。教育の変革は、社会全体の変革のなかに位置づけされなければならない。教師は資本主義的に疎外された労働をしているのだ。教師は自分が生徒を教育することによって生徒を立派なものにして社会を変革するのではない。そうしようとおもって教育してもその教育によっては資本主義的支配につごうのいい人間がつくりだされるだけである。

教師は自己を疎外された労働をしている労働者と意識して、他の労働者との団結のもとに社会を変革する活動をしなければならない。

教師になろうとしている人たちにむかっていおう。いや、すべての人たちにむかっていおう。教育者としての教師になろうとしてはならない。労働者としての教師になろうとしなければならない。

教育は教師の意志とはまったく関係がない。教育は不変なものではなく、社会とともに変わり、その社会につごうのいい人間をつくりだそうとするのだ。

（『学園』第四号、三国丘高校雑誌部、一九六三年一一月八日発行に掲載）

小説　ある一日

三年　西村　寛

彼は目をさました。だいぶまえにおこされたみたいな感じだった。しかし、おこされたという事実はおぼえていない。まだねむたかった。彼は目をゆっくりとこじあけた。まだぼやっとしていた。かすかに混沌のなかから事物が自己のすがたを形成していった。彼はつくえの上の置時計をみた。彼はとびおきた。しかし、すぐさま彼の行動はにぶくなった。時計の針は七時三〇分から三〇分もさきをすすんでいた。秒針はせわしそうに回転していた。彼はそれに反抗した。彼はねまきをぬいだ。彼ははだかのままで雨戸をあけた。朝の光がまぶしく彼の目を攻撃した。風はつめたかった。全身の表皮がちぢこまった。その瞬間、あつい血が内からそれを破壊した。

とおくの山がきれいにみえた。その上に太陽があった。太陽の光はおもくたれさがった穂をとおして、黄色に彼のところまできていた。彼は太陽の光との連関のなかにあった。彼はその連関のくさりをたちきった。いまわしい俗物が彼の頭を占領したのだ。

彼はいそいで服をきた。彼は時間割をあわせた。一時間目は世界史であった。彼は「ヤーだな」とおもった。それでもさぼろうとはおもわなかった。彼はかばんをひっつかんで自分の部屋をでた。

そのまま家をでようとするとまたまたいまわしいことばが彼の背後からあびせられた。

「ごはん食べて行き。」

≪チクショー≫彼はムッとした。≪せっかく遅刻しないように行こうとおもっているのに！≫

彼は遅刻しようと決心した。≪どっちにしたってオレには関係ないんだ。オレが遅刻するのをいやにおもうのはそっちのほうなんだから≫

彼はシャクにさわるから、メシをゆっくり食ってやろうとおもった。しかし、そうはいかない。ハシは自然とメシを彼の口にはこぶ。手と口は彼の意志の範囲外にある。世界史の教師に文句をいわれている情景が目にうかぶ。

≪あんな教師がこわいのか！≫おこられるのがイヤでメシをはやく食おうとする自分がシャクにさわる。≪あんな授業うけなくったってどうってことないんだ≫そうはおもってみるが、教師の顔が目の前にちらつく。ケッタイな顔がちらつくものだ。女の子の顔なら、はなしがわかるのに。

しかし、さすがに道を走りはしなかった。せっかくメシを食った価値がなくなる。

電車がすいていたのはさいわいだった。ちょっとの差でこうもちがうものらしい。彼はよろこんでいいのか、わるいのかわからなかった。めずらしくすわっていると心ぼそい気がしてくる。まったくゆうゆうとしているのでないところがちょっとかわいらしい。彼は遅刻の常習犯ではないのだ。彼はゆうゆうと遅刻できるものをうらやましくおもった。彼は自分にはそんな勇気がないようにおもった。〝勇気〟——彼はあえてそのことばをつかった。≪イヤな授業にはでなくてすむのだ≫≪しかし……≫彼はおもいなおした。彼は自分にそんな勇気があれば、どんな授業にもでなくなるだろうと感じたのだ。≪そんな勇気はありっこない≫彼はあきらめた。

道はひっそりしていた。いつもはこの道もおなじような人間がひしめきあっているのだ。きょう彼はそのような人間の外套《がいとう》をとりさられていた。はだざむい感じがした。空虚であった。それがみょうに意識された。ざわめきのかわりに声を吸収する怪物を感じた。彼はいそごうとはおもわなかった。しかし、何物かが彼をひっぱっていた。彼の歩調は自然、はやくなっていた。

彼は中央階段をのぼった。しいんとしていた。うすぐらいところが中世の塔をおもいおこさせた。その上に神聖なる授業があった。彼は卑俗な感情をすて洗礼をうけなければならなかった。

コツ、コツ、コツ、コツ、……

くつが床をうった。単調なメロディーであった。はやくもおそくもなかった。そのメロディーが長いろうかにひびきわたった。彼は一歩一歩ふみだすのを躊躇《ちゅうちょ》しなければならなかった。床をうつくつの音は彼に自己の存在を強烈に意識させた。彼にはその音にみんなの耳があつまっているようにおもわれた。しかし、教室では平然と授業がおこなわれていた。二年六組の教室からは数学の教師の声がもれていた。こうして聞いてみるとまんざらでもなかった。教室ですわって聞いているとそのヒステリックな声がいまにも彼の脳細胞を破壊するかにおもわれるのだ。しかし、いま、その高いメロディーは彼のくつの音と調和していた。かすかなるハーモニーがかなでられていた。それは彼の心をやわらげた。

国語の授業をしている五組をとおりすぎて、彼はわが四組のうしろの戸をあけた。

ギギッーガラガラッ
よくもこれだけおおきな音がするものだ。彼をギクッとさせた。しかし、四、五人のものが彼のほうをふりむいただけだった。教師はチラッと目を走らせた。

コツ、コツ、コツ、コツ
彼はまん中のすぐ、うしろから四番目の自分の席についた。彼は教科書をだした。教科書は左上に、地図は右上に、そしてノートとプリントを手前にならべた。彼はエンピツをにぎった。ここに彼のいそがしい仕事はおわった。とたんに彼はいつもの彼にかえった。授業は俗物であった。いままでの高尚な感情はきえた。

しかし、まだいつもとおなじではなかった。彼は授業という俗物にくわれるための洗礼をうけねばならなかった。教師はわざわざ授業の手をとめて、まっていた。彼が一息つくまで教師の視線は彼の上にそそがれていた。それとともに五〇人の視線も一人、二人、三人……と彼のほうへあつまってきた。舞台装置は完了した。教師はおもむろに口をひらいた。

「どうして遅れたんだ？　理由をいえ。」

まったくいやなやつだ。これが担任とくるのだから頭にくる。遅れたものにかまわず、くだらんものでもいいから、授業を続けておればいいんだ。――彼は立ちあがった。そして机のよこにでた。いつもはこんな立ちかたをしたことがない。きょうは少々格式ばっている。彼は教師をあなどらなかった。

「ねすぎました。」

「そんなことが理由になるか。」

すぐさまお返しがとんできた。――バッカじゃなかろうかてんだ。まったくわからないことをいう。ねすぎたからそういったまでだ。理由になろうとなるまいとかってにすればいい。――彼は名案を考えついた。

「それじゃ、理由はありません。」

…………………

教師はなにかゴタゴタといっていた。しかし、そんなことは彼には関係なかった。彼は自分のいったことばにほれぼれとしていた。〝理由はありません〟か。ほんとうにまったく理由がない。朝、三〇分目をさますのがおそかったにすぎない。あえて目は二〇分前に開いてくれなかったのだ。だれかが起こしにきたにもかかわらず。しいていうなら、世界史の授業を絶対にうけようという義務感がなかったからかもしれない。だから、まぶたは二〇分ぐらいは気にとめなかったのだ、と。どうであってもたいしたことじゃない。〝遅刻〟がつくのは少々気にかかるが。……

彼の心は現実にまいもどった。みんなの視線によって彼の体はこわばっていた。彼の右手はエンピツをもったままだった。左手は彼のポケットにつっこまれていた。いつそうなったのかわからなかった。彼はそれを意識した。彼はポケットから手を出して机の上においた。関節がギギッと音をたてたみたいだった。時計がみえた。視線はそのままとおりすぎて足の先におちた。彼は視線をまいもどらせて時計の上までもってきた。秒針がいつものとおり回転していた。かすかな音が彼の耳にもとどいてきた。長い針は二をさしていた。そして短い針は九。彼は右手の中にあるエンピツで時計のガラスごしに、八、一〇、一二、二、とおさえていった。もう授業がはじまってから三〇分もたっていた。

彼は視線をふっと前のほうへもっていった。視線はちょっとふらついた。彼の水晶体は網膜に右前の像をむすんだ。彼はちょっとドギマギした。右前ひとりおいてつぎ——そこには野中美佐子がすわっていた。

彼女は平然と教師のいうことをきいていた。教師は彼のためにそれをいっているというのに。いやそれとも彼のためにいっているから、か。彼にはなにもわからない。彼はチラッとそのほうをみてはすぐさま視線を前にもどした。彼の視線は右四五度のところで運動した。いままた、彼はおずおずと右のほうへうごかしていった。野中美佐子はいたずらっぽい目を彼のほうへむけていた。視線は彼から一ミリとはなれていないところで衝突した。彼女はニヤッとした。すくなくとも彼にはそうみえた。彼の心はときめいた。ドキドキという心臓の鼓動は彼全部を支配した。彼は視線を逃亡させた。顔はこわばったままだった。彼の意志はどこかへ蒸発したままかえらなかった。ニヤッとしかえすどころではなかった。しかし、彼は、

≪遅刻するのもいいな≫

とおもった。もうすでに教師などぶっ飛んじまっていた。教師の声は彼の上を、横を、すどおりしていた。……

そして、ついに洗礼はおわった。

俗物はあたまをもたげた。そしてすべてをのみつくした。生じかけた神聖なる高尚なる感情はその文弱ゆえに敗退した。ここに授業がはじまった。それでも彼は野中美佐子の視線をおもいだしてはむねをワクワクさせた。あどけないかぎりである。彼は野中美佐子のほうをみつめていた。しかし、時間がおわるまで彼女はこちらのほうへふりむきはしなかった。

ベルがなった。教師がでていった。そして教室は再び活気をとりもどした。

次のベルがなったとき、その活気は最高潮であった。そして次第に衰退していった。二時間目は社会であった。講師――調べてきて発表するものが最前列ものといれかわってこちらをむいてすわった。そして、

どうしたかげんか、彼の右どなりのものが講師として前へ行ったあとにだれもこなかった。ひとり休んでいるので、そのうしろの〝よい〟席へ行ってしまったのだろう。彼はしまったとおもった。が、もうすでにおそかった。教師がきていた。

教師は「はじめよう」といって席の間をまわりはじめた。講師がその講演を開始した。彼は次の三時間目の英語のことが気になった。彼はやってきていないのだ。

教師はあるきづかれたのでもなかろうがついに彼のよこの席にすわった。完全に絶望的となった。彼はうしろでうまくやっているヤツがシャクにさわった。彼は数学の問題一つでもとくほうがよっぽどましなのに、とおもった。

しかたがない。彼は野中美佐子のほうでもみていようかな、とおもった。が、それもじゃまされていた。右をむいたら、半分教師の顔をみているみたいだ。そんなことをしていて、教師に自分の顔が男にもほれられるような魅力的なものか、と感じさせたらシャクだ。それに、野中美佐子といっしょにそんな顔がみえたら、まったく興ざめだ。

彼は指の上にデコをのせ、ヒジをつっぱった。これで考えているような姿勢がつくれた。あとは目をつむればいいだけである。入試に関係のない課目だとこうも不熱心になるのかと彼自身ふしぎに感じた。

前では〝カルテル〟がどうとか、〝トラスト〟がどうとか〝コンツェルン〟がどうとかいっていた。彼は百科事典を写してきたのだろう、とおもった。百科事典をみればなんでも書いてある。それで十分か不十分かはまったく関係がない。字数をそろえればそれでいい。彼にしたって百科事典をうつすだけだ。ほとんどのものがそうだろう。教科書に書いてあることをちょっとことばをかえていっているやつもある。そいつのほうがまだ自分で考えたところがあるからましなのかもしれない。

講演はまったくくだらない。前ではレポートを棒読みしていた。スラスラと読めると立派な発表だ、ということになる。そして、スラスラと右の耳から左の耳にぬけちまう。まったくご立派だ。彼はコソコソッとまわりをみわたした。たいくつそうな顔ばかりだ。あくびをかみころすのにまったく苦労している。同じおもいをしなければならないのだから、いいかげんにすればいい。しかし、百科事典のその項全部——最初から最後まで写しちまうというのだからかなしい。

講師の声はちいさく、単調になっていった。彼の耳のそばで静かなリズムをかなでた。絶好の子守歌であった。赤んぼうは気持ちがよくなるとねむってしまうという。静かなリズムで彼は気持ちがよくなった。彼とてももとはかわいらしい赤んぼうであった。その本性があらわれた。

彼はよこに気配を感じた。教師はたちあがっていた。講師の発表がおわって、討議にはいるところらしい。討議といったって、本に書いてあることをそのままチョイチョイというぐらいのものではないか。それも二、三人のものがしゃべるだけ。まったくくだらない。

だれかが質問した。

「シンジケートとはなんですか。」

彼はよっぽど変なヤツだな、とおもった。

「カルテルのもうちょっと強力になったものです。」

「そうですか。わかりました。」

教師から「独占の弊害はなにか」という問題が提出された。

だれかがいった。

「中小企業が圧倒されて、不平等が生じるからです。」

「自由競争の利点が失われ、消費者には高い独占価格が押しつけられるからです。」

「経済の内部にいろいろの腐敗が生ずるようになるからです。」

「恐慌がはげしいものになるからです。」

司会者にあてられてぽつりぽつりといった。どれもこれも教科書のはしからとってきたものだった。だれもわけがわかっていっているものはなかった。彼らにはなんの関係もないことなのだ。〝社会〟で試験をうけるわけでもなし……。ここにちょっとわけのわかったのがあらわれた。

「いまの日本では、大企業――あの、それは独占企業だとおもいますが――そこでつくられた製品のほうが中小企業でつくられた製品よりよっぽど安くて、品のよいものだとおもいますが……」

反論者があらわれた。

「だからといって、中小企業がたおれてもよいということにはならないとおもいます。中小企業にもよい製品をつくれるようにしてやるべきだとおもいます。」

「中小企業がたおれてもいいといっているのではありません。しかし、中小企業を守ってやるより、みんな大企業で働くようにしたほうがいいとおもいます。」

「それじゃ、中小企業をたおしてしまえ、ということと同じではありませんか。」

……………

こうして討議はおわった。きょうはみんな活発に意見をいったようだった。教師は満足そうに教室をでていった。

三時間目、英語。

彼には社会のときにアルバイトできなかったことが致命的だった。おまけに教師は真中のすじからあてはじめた。彼は必死で辞書をくった。あと四人、あと三人、あと二人、まったくイライラしてきた。足がガクガクしてきた。彼はなきだしたくなった。いっそ、やってきませんでした、といおうか。また文句をゴタゴタいわれるだろうな。きょうはまったく日がわるい、彼はおもった。どっちにしたって、野中美佐子にみせられたカッコーじゃない。もう彼の前のヤツは訳しおわっていた。教師の説明ももうおわる。

ついにきた。彼はしかたなくたちあがった。彼は五行ほど読んだ。そして、たどたどしく訳しはじめた。まったくどうなることかわからない。前のヤツがエエカッコして予定より多く訳してしまったので、あとのほうは単語を調べていない。ついにつまった。気だけがあせった。目がローマ字の上を右往左往した。もはや、英語にみえなかった。youはｙ（ワイ）ｏ（オー）ｕ（ユー）であってyou（あなた）ではなかった。彼は口さえうごかさずにつったっていた。もうなにもすることができなかった。

彼は最後の勇気をふるいおこした。彼はいった。

「わかりません。」

彼はすわった。

「そうか。もっと勉強せえよ。」

教師はおこらなかった。彼は教師が自分をかいかぶってくれていなかってよかった、とおもった。

≪しかし……まったくカッコーがわるい≫

四時間目、物理。

これもまったくくだらない授業だ。授業でやっていることと、問題をとくこととはまったく関係がない。彼はいつも問題をすることに決めていた。きょうもそれを実行した。教師は前でなにかしらしゃべっていた。その内容は物理の基礎的な理論に関することかもしれない。公式をみちびきだす過程をしゃべっているのかもしれない。しかし、そんなことは彼にとってどうでもよかった。

五時間目、国語。

社会のときはおもわぬ災難でダメだったが、こんどこそはいけた。彼は数学をだした。真中のすじはなまじっかはしよりアルバイトにはつごうがいい。前のヤツのかげになってみえないのだ。彼は国語の教師なんてあわれなものだ、とおもった。自分とこの国のことばをやっているのにだれもきいていないのだから。みんなは試験で比重のおおきい数学や英語をやっている。教師が机の間を回りはじめるとカサカサという音があたり一面にひろがる。トラをかくす音だ、というのはもう古い。

六時間目、数学。

彼は数学が苦手だった。しかも数学はもっとも必要性がおおきい。彼は教師をにらんでいた。あんなものふっとんじまえばいいとおもった。教師がなにかいうごとに彼の脳細胞はビンビンいった。脳神経の配線がまちがっているのではないか、とおもわれた。……

教師は正弦法則、余弦法則、ヘロンの公式とやらを説明していた。彼はなんとかわかったという気がした。教師は問題にうつった。とたんに〝わかった〟という彼のおもいはどこかへ姿をけした。はずかしそうに、そそくさと身をかくした。アーア、またわからなくなった。……

彼は時計をみた。あと三分。彼はじっとみつめた。秒針は一回転した。あと二分。あと一分。あと三〇秒。あと二〇秒。一〇秒。九、八、七、六、五、四、三、二、一、〇。ベルはならなかった。彼の時計は二三秒すすんでいた。そしてついに彼は三角から解放された。

彼は教室をでた。彼はなにも考えようとはおもわなかった。しかし、何物かが彼の頭に円をえがいた。あのいまわしいサインとコサインをもちこんだ。絶体絶命であった。彼は家にかえるのがおそろしかった。空虚が彼をつつみかくしてしまうのだ。サインとコサイン――それだけを頭の中にのこして、あがき、はいずりまわらなければならない。いつものように、それだけが彼の全生活であった。それ以外のものはゆるされなかった。なにがおもしろいものか。自分はなにをしているというのか。

栄光をめざしてまっしぐらにすすんでいる――まったくいいことばだよ。それしかしかたがない。まったくそうだ。大学入試にすべれば敗北者になってしまう。どうあってもとおらなければならない。この真理は、ゆるがしようもない。社会がそうなんだから。しかし、勉強なんかおもしろくない――彼はこの矛盾のなかにあった。どこかへ飛んでいってしまいたかった。「どこかとおくへいきたかった。」しかし、どこへもいけなかった。どこをむいても家へかえる道しかなかった。うしろから強大な力がおしていた。ずっしりしていた。あまりにおおきいために感じられないほどであった。前には家へかえる道がひらけていた。なにもない。自由にとびまわれる、そんな道が。なにもないのがおそろしかった。家はまったくの幻映にみえた。手でさわることのできるものはない、そんな感じだった。まったくの空虚。それらは彼に反抗していた。彼をとおまきにした平板のなかにおしこめられていた。彼は目をつむった。彼は真空のなかにすいこまれるかのようであった。

彼はかたをたたかれた。彼は救世主の手の重みを感じた。

「もぅ帰る気か。」救世主はいった。「フォーク・ダンスに行かないか。」

「……うん?……」彼はなま返事をした。

彼は脳みそのなかに手をつっこんでグッチャ・グッチャやられているようなおもいだった。またまたサイン、コサインがあれくるった。フォーク・ダンスなんてはずかしいな、彼はおもった。しかし、のどから手がでるようだった。それでも、彼の細胞はどれ一つとして身うごきしなかった。彼は目がまわりそうだった。頭のなかで種々の観念がゆりうごかされ、ぶつかりあい、ギーギーゴッツンゴッツンと鳴っていた。外界の意識は剥奪されていた。返事をしなければならない。動揺は最高潮に達した。彼は半分意識を失ったままで口をひらいた。

「きょうはやめとくわ。」

次の瞬間、彼は救世主にもっと強くさそってもらいたいとおもった。そのまま行かないでくれ。むりやりでもつれていってくれ。オレは自分から行くといえないんだ。

「そう言うな。家へ帰ってもなにもすることないんだろう。」

「しかし、勉強があるからな……。」

彼の口からでたことばはこれであった。そして、すぐさま考えている風をよそおった。こう言ったからって、さそうのをあきらめてもらってはこまる。彼は不安なままで救世主の次のことばをまった。

「いいから、いいから。」

救世主は彼のかたをたたいて、彼を前におしだした。彼はその手にさからわなかった。

「……うん……」

彼は救世主――奥田といっしょにあるきはじめた。

「ぜんぜん知らないんだぜ。」

彼にはそれはさほどの問題ではなかった。すでに観念していた。はずかしさは救世主――奥田がおおってくれていた。彼はなにかしら、ひかれるものを強く感じた。

「いいよ。すぐおぼわるから。」

奥田はいった。奥田もうれしそうだった。声がはずんでいた。彼をさそうことに成功したから。

彼らは運動場へでた。フォーク・ダンスのメロディーがきこえてきた。彼もメロディーなら聞いたことはあった。しかし、彼はそれを聞きながしながら、すどおりしていた。いま、そのメロディーはあたらしいひびきをもって彼の心をうった。そのメロディーは彼の手のなかにあった。運動場の片すみにはもう一四・五人のものがあつまっていた。まだ数はすくなかった。その環はすこしずつおおきくなっていった。

彼はみんなが楽しそうにおどっているのをみるとちょっと躊躇を感じた。すみきった水のなかにインクをこぼすような気がした。自分とは相入れないものを意識した。しかし、奥田はそんなことにはまったく無頓着であった。彼の気も知らないで、フォーク・ダンスの環がちかづくとますます歩調をはやめた。彼はついていかざるをえなかった。それは彼に強制されていた。

彼は環のなかに野中美佐子の姿をみとめた。ドキリとした。

ドッキン、ドッキン……

いつまでも心臓の鼓動はおおきくうっていた。またあらたに、ひかれ、そして反発するものがあらわれたのだ。彼はまったくへたな（自分がじょうずであろうとはまったくおもわれない）フォーク・ダンスを彼女にみせねばならないかとおもうとおそろしくなった。と同時に、彼女といっしょにフォーク・ダンスをやりたいとおもった。

ここで一曲がおわった。彼は奥田にいわれるままに環の中にはいった。だれかがコールしていた。彼は目の前にいるパートナーの手をとった。一瞬彼は躊躇した。ぎこちなく手はさしだされた。手のぬくもりが感じられた。彼はあたらしくはじまる未知のことにたいして、処女のようにおののいていた。彼の頭の中にサイン・カーブがあらわれて、きえた。そして、彼はそんなことから、まったくはなれたところにいる自分を感じた。

彼は背後から聞こえてくる声のままに足をうごかした。なんとかパートナーのうごきに調和した。彼はちょっと失敗してはパートナーにわらいかけた。

「はじめてだから」

彼はことわった。彼は失敗したバツのわるさをかくした。パートナーもわらいかけた。パートナーはまだちょっとましだった。彼のようにヘマばかりやっていたときもあったのだろう。彼にやさしく教えてくれた。パートナーのうごきにしたがいながら、彼はそう感じた。〝やさしく〟――まったくそういう感じだった。

メロディーがながれだした。彼はまったくとりのこされたみたいな気がした。それはパートナー・チェンジの曲だった。いままでのパートナーは前へ前へとすすんでいった。あまりにもはやくすすむメロディーのなかで彼の足はもつれた。あたらしいパートナーはスイスイとおどった。したしくおもうどころではなかった。パートナーがめまぐるしくかわるなかで彼はなんとか、カッコウをつけることに精いっぱいだった。なんべんもするうちになんとかおぼわってきた。メロディーが聞こえだした。彼の足とメロディーが分裂しなくなった。そうおもったら曲はおわった。

次の曲にかわった。きたはじめからやりなおさなければならなかった。しかし、前とまったく同じではなかった。彼はこのフォーク・ダンスのふんいきになじんできた。彼をとおざけようとするものではなかった。彼はその一員としてはいりこんでいった。

パートナーや前やうしろにいるものの顔がみえだした。いままでは自分のことに夢中でそんなよゆうがなかったのだ。みたことのある顔もあった。ぜんぜん知らない顔もあった。二年ちかくこの学校にいるというのに、ぜんぜん知らなくてもよかった。知らないものをパートナーにすることはまた一つのよろこびであった。彼らはおどることによって結びついた。連帯感がうまれた。ふたりは共通のものを持った。その連関は多く、そして深く集積されていった。一つの環は一つの有機体であった。細胞は結合してふんいきをかもしだした。それはみんなをよわせた。それは熱烈なふんいきであった。みんなはすべてをわすれた。おどることそれだけであった。

時間は流れた……

彼はそのなかにあった。すでにふんいきは彼をまきこんでしまっていた。

彼はとなりにまで回ってきた野中美佐子のすがたをみた。彼のむねはあらたなときめきをみせた。彼にはためらいがあった。しかし、逃げだすことはできなかった。彼は野中美佐子の手をとった。彼は自分が彼女といっしょにおどろうとしているのを感じた。彼は美佐子にほほえみかけた。同じクラスで顔みしりだから、というつもりで。彼女もまた同じようにほほえみかけた。彼はうれしかった。彼女のはだを感じながら……

彼の前にはまたあたらしいパートナーがきた。野中美佐子は次へすすんでいた。——ほんのちいさなできごとにすぎなかった。彼はあたらしいパートナーとおどった。フォーク・ダンスのふんいきは彼を包んでいた。

……………

フォーク・ダンスは「サヨナラ」をもっておわった。百人ほどの環はちりはじめた。

「どうだった」

奥田がすぐ彼のところへとんできた。

「おもしろかったね」

彼は満足そうにこたえた。ふたりは顔をみあわせてわらった。

「こっちへこいよ。」

「なんだ?」

彼はわからないまま、奥田についていった。数人のものがあとかたづけをしていた。野中美佐子もいた。

「松本、帰ろう」

奥田は、彼はなんとか顔ぐらいは知っている〝松本〟という名をよんだ。野中美佐子もふりむいた。

彼は気がるにそのほうへ近づいた。

「野中さん、いつもフォーク・ダンスをしてるの」

彼は声をかけた。

「そうよ。あなたははじめてね、おもしろかったでしょう。」

野中美佐子は彼をみつめながらいった。

「うん。」

彼はそうこたえながら、彼女のほうが自分より上にいるように感じられるのがシャクにさわった。

「さあ帰ろう。」

松本はかばんをとってきて、言った。

四人はあるきだした。野中美佐子もいっしょにきたところをみると同じ仲間らしい。彼は自分の友達の奥田と当の野中美佐子がしたしくしているのをみておどろいた。当然、きょうはじめてフォーク・ダンスをした彼のことが話題になった。

みんなは彼にフォーク・ダンスはおもしろいだろう、と宣伝した。彼も賛成であった。いままでのフォーク・ダンスにたいする恐怖はさっぱりときえさっていた。

そのなかで松本は奇妙なことをいった。

「結局、フォーク・ダンスは逃避だな。」

彼はけげんそうに松本の顔をみた。彼はフォーク・ダンスを熱心にしている当人からこんなことばを聞こうとはおもわなかった。

「しかし、フォーク・ダンスは楽しいものだよ。」

彼はきょうの経験をもって反論した。

「そうさ。ほんとうに楽しいものだ。」

松本は平然といった。彼はとまどいを感じて、三人の顔をみくらべた。奥田も野中美佐子もちょっと解しかねていた。松本の次のことばをまった。

「みんなは勉強が楽しくなくって、フォーク・ダンスで楽しんでるんだ。フォーク・ダンスは楽しいが、勉強はもとのままだ。みんなは勉強に疑問をもちはしない、……。」

「勉強そのものが楽しくないといけないというのね。」

野中美佐子がわかった、という調子でいった。

「うん」

「しかし、フォーク・ダンスをしているときのような楽しいふんいきが学校の中につくれればいいんじゃないのか？」

奥田がいった。

「それはそうさ。ぼくは、勉強でくるしめられているから、フォーク・ダンスで遊ぼう、というふうになっているのが、気にくわないんだ。」

「でも、フォーク・ダンスは楽しいものだ。」

彼は口をはさんだ。

「そのことばはまったく正しいね。」

松本がいった。

「しかし、なぜこんな楽しいものにみんなこないのかな？」

彼はさも考えぶかそうにいった。

「まず、あなた自身がなぜいままで、フォーク・ダンスにこなかったのか考えてみるのね。」

美佐子はうまいことをいった。みんないっしょにわらった。

「おかしなもんだな。まったく変わってしまってる。」

彼はふしぎそうにいった。みんなはわらい声をいっそうたかめた。……

彼は三人とは帰る方向がちがった。彼は四つ角でわかれた。

彼はふり返った。美佐子もふり返っていた。彼女はにっこりとわらって。彼はその笑顔をいだいて、道をいそいだ。彼は、きょうはうれしいことばかりあったなあ、とおもった。彼は再び美佐子の顔をおもいうかべた。

しかし、その顔は次第にゆがんできた。彼はアレ、とおもった。その顔はサイン・カーブでえがかれていた。チクショー、またもやあのいまわしい数学がよみがえってきたのだ。彼はきょうは帰るのがおそくなったなあ、とおもった。数学がまたおくれてしまう。英語はまた調べないことになるのではないだろうか。

彼は家についた。もうちょっとしたら夕食の時間だ。彼は新聞を読んだ。そして夕食。ちょっとテレビをみた。風呂へはいった。

八時、こうして勉強の時間がきた。

なにから手をつけてよいかわからなかった。数IIの本をあけた。とたんに〝いやあ〟な感じがした。目だけがトロッとしたまま、数式を追った。

なぜ勉強するのかな、とおもった。目の前に野中美佐子の顔がチラついた。松本のことばがおもいだされてきた。≪勉強が楽しくなくって……≫≪勉強に疑問をもちはしない……≫≪勉強でくるしめられているから……≫オレだって勉強に疑問をもつぜ、彼はおもった。

大学へなんかはいれなくってもいい、どんな仕事をするようになってもいい、とおもえることさえあった。

≪なぜ、みんなは大学に行きたいんだろう≫

彼は考えた。

≪オレなら、なにかおもしろいことを研究したいな≫≪しかし≫彼は考えなおした。≪そんなのんきなことはいっていられない≫≪月給が安すぎたら、ろくな生活ができないからな≫

彼は気をとりなおした。

$\sin(\alpha+\beta) = \sin\alpha\cos\beta + \cos\alpha\sin\beta$

$\cos(\alpha+\beta) = \cos\alpha\cos\beta - \sin\alpha\sin\beta$

$\tan(\alpha+\beta) = (\tan\alpha + \tan\beta) / (1 - \tan\alpha\tan\beta)$

こんな式からおぼえなければならないとはまったくなさけなかった。授業ではもっと後のほうをすすんでいた。

彼は二、三ページめくった。

二倍角の公式、積を和または差の形にかえる公式、和または差を積の形にかえる公式などは一回自分でつくって、わすれてもスラスラとつくれるだろう、ということにした。問題はじゃまくさいのがならんでいた。まったくおそろしくなった。

睡魔が彼をおそった。ヒジを机についた。頭は上下運動をはじめた。コックリ、コックリ…………

時間は彼とは関係なしにたっていった。

彼はふと我にかえった。またもや問題をときはじめた。

彼は問題集をひらいていた。参考書だけは机の上に、ところせましとおかれてあった。三角のこのところがわからなければ、その後がまったくわかりようもなくなる。彼はあせった。よけいできなくなる。彼はもうおちついてやろうとおもった。そうすると、まったくおちついてしまった。エンピツはちっともうごかなかった。彼は三〇分ほど考えた。そしてその問題を放棄した。次の問題、これもまったく手のつけようがなかった。しかたがない、エンピツだけをうごかした。そのエンピツは意味のあることをなに一つ書きはしなかった。……

ついに彼は数学を放棄した。……

もうどうでもよかった。……

物理のプリントをひらいた。……

英語のリーダーをひらいた。……

………………

一時になった。

彼は勉強を放棄した。

≪きょうは五時間勉強したな≫彼はおもった。

≪あすの朝も、遅れないように起きようとするほどの義務感を持たないだろうな≫彼はおもった。野中美佐子へのおもいをむねにいだいて、彼は床についた。

ここに、彼の一日は幕をとじた。……

(『学園』第四号、三国丘高校雑誌部、一九六三年一一月八日発行に掲載。——注釈：これは、みんなに、自己が疎外された労働をする労働者につくられるのだ、ということを意識して、この社会を変革するための活動をやろう、と呼びかけるために、もしも自分が社会を変革するための活動をやっていなかったら、と想像し構成して書いたものである。)

II

現代のプロレタリアを変革し組織するために

職場のパート労働者仲間を守る闘い

北井信弘

1　怒鳴り調理師と「宇宙人」と呼ばれた女性

一〇年たった。もう時効であろう。これを書いても、これから話すことがらに登場する人物に迷惑がかかることはないであろう。いまそれぞれに自分の人生をあゆんでいるこれらの人たちが、私がこれから書くものをもしも読むことがあったとするならば、それぞれの感慨をもってうけとめてもらえばよいであろう。

それは、私がその職場で働きはじめて一年くらいたったときのことであった。

その職場は養護老人ホームの厨房であり、給食の仕事であった。三人で夕食づくりをやっていた。

相棒のパートの女性が私に「これ、どうしたらいいの？」と聞いた。

私が教えはじめると、この職場の責任者である調理師の男が怒鳴った。

「教えるな！　一人でやらせろ！」

私は「はい」と答え、その女性に「じゃあ、自分で思いだしてやって」と声をかけて、使ったフード・プロセッサーを洗うために隣りの洗浄室に行った。その女性は、使い終わった大きなボールをもって私の後ろを追ってきた。

「あれは、どうしたらいいの？」と彼女は私に聞いた。洗浄機の前は、もう、ＩＨ（電気で熱するコンロ）を使って料理を作っている男からは見えなかった。大きな声を出さないかぎり、彼には聞こえなかった。私は手短かに教えた。

彼女は、「わかった」と小声で答えて、大きな声で「このボールもお願いね」と叫びながら、走ってもどった。

この男は彼女を、使える人間だと、まだ思っていないようだ。仕事ができて、自分に従順である、と見なした以外の人間は、彼はいじめてやめさせてしまう。私は、いじめられている人がやめるまでにおいつめられないように、その人に仕事を教えていた。しかし、彼に逆らって、彼の目の前で教えると、こちらが危ない。彼に、私がどんな仕打ちをされるかわからない。仕事の命令権は彼にあった。だから、彼に見えないところで教えるようにしていたのである。今回は、もうそろそろ、彼が彼女を、仕事ができるようになった、と見てはいないかと思い、彼の目の前で教えたのだが、それどころではなかった。

老人ホームの食事は、常食・刻み・超刻み・ミキサーというように形態別に分けなければならず、また鯖が嫌い・ニンジンが嫌いというような人がいっぱいいて、おぼえるのが大変であった。かならずメモをとらなければならず、しかもメモ帳のどこに書いたのかを見いだすのが一苦労だった。

彼女とのあいだでは、彼女が教えてほしいことがあるとわかると、私は洗浄室に行った。そこで教えたのである。そういうしきたりをつくってきたのである。

この男は、よく怒鳴るので、怒鳴り調理師、あるいは怒鳴りさんと呼ぼう。

怒鳴りさんは、一度だけ教えるという主義だった。一度教えたことが二度目にできなければ怒鳴った。どうしても再度教える以外にないときには、延々と説教してから教えた。

この怒鳴りさんは、何年か前に高級レストランをやめて自分で中華そば屋の店を開いたのだが、すぐに経営難におちいり、店をたたんだ。そして、この老人ホームの厨房に流れてきたのである。こういう事情からであろうが、彼は、自分の境遇に恨みを抱いて、これを自分の配下のパート労働者や自分を雇っている社長にぶつけていた。私にはそう見えた。

彼は、よく言えば職人気質であったが、権限をもっている者に強い態度を見せながら取り入って自分の利害をつらぬこうとした。そういう意味で、彼は、落ちぶれた小ブルジョアの感情を抱き、ルンペン・プロレタリア的な感覚を働かせる、と感じられた。

「自分の仕事を守るためには、自分に代わって仕事ができるようになりそうな人間は、そうなる前につぶして職場をやめさせるんだ。俺はそうしてるんだ。そうしないと自分の仕事を奪われてしまうぞ」、と自分の処世術をわれわれに伝授してくれた。

この老人ホームは八〇人ぐらいの入所者を抱えており、私が就職した会社は、この施設から給食の業務を委託されていた。朝食づくりは二人、昼食づくりは三（〜五）人、夕食づくりは三人（時として二人）、夜の洗いは二人という労働配置であり、これにくわえて二人の栄養士がそれ固有の仕事をし、昼食の盛り付けには加わった。先の（〜5）は栄養士が入ったばあいである。これを、総勢一一人ぐらいの労働者でまわした。新採で入った栄養士は正社員であったが、それ以外はすべてパート労働者であった。

私は遅番の仕事と早番の仕事を半々ぐらいにやった。遅番の勤務指定は一三時～二〇時一五分まで（途中に食事休みあり）であったが、仕事は二一時ぐらいまでかかった。二〇時一五分以降は賃金の計算の労働時間としてはあつかわれず、サービス残業であった。（早番の勤務指定は五時三〇分～一二時まで。それの前とそれの後三〇分ずつはサービス労働。）私は、計算の対象となる労働時間は月一七五時間ぐらい、時給七五〇円で、飯代一食一五〇円を天引きされて、一二～一三万円での暮らしであった。実際に労働した時間は膨大だ。

五〇歳代後半の怒鳴り調理師は、昼食と夕食の主菜をつくり、仕込みの作業の多くをやって、朝の八時～一九時ぐらいまで、月一～二回の休みで働いた。彼だけは特別に、実際に働いた時間どおりに・時給も高くして・賃金が支払われているようであった。それでも、親や子どもを抱え、借金を抱えているようであり、生活は大変とおもわれた。そりゃあ、世間への恨みはつのり、他人へのあたりは強くなる。その気持ちはわかる、という感じであった。

その女性は、職場では「宇宙人」と呼ばれていた。反応が一秒ぐらい遅く悠然としていたからである。彼女は空気を読めなかった。そういうことで、私のこの話では、「宇宙人」にちなんで彼女を「星さん」と呼ぶことにしよう。この人は、勤めていたスーパーがつぶれたのでここに来た、ということであった。六一歳で、私よりも四つ若かった。それなりにしっかりしていて、怒鳴りさんに取り入るふうはなかった。そういうところが、怒鳴りさんの好みではなかったようだ。

その何日か後、私が職場に行くと、「星さんから職場をやめるという電話がかかってきた」という話でもちきりになっていた。もうおばあさんの歳であるおばさんたちは、怒鳴りさんに、「また、いじめたんじゃない?」と冗談半分に言った。

ところが、次の日、星さんは菓子折りをもって職場にやってきた。

「すみません。やめると社長に言ったら、やめないでくれ、と説得されたので、また働くことにしました。よろしくお願いします」、と彼女は頭を下げた。

私には、よくぞ、ここまで言った、という感がした。宿敵の怒鳴りさんに、自分の方が謝ったのだからである。

2　反怒鳴り調理師・反社長フラクションの創造

次の私の休みの日に星さんから私に電話がかかってきた。

「北井さん、今日休みでしょ。私も休みなのよ。いまから、ちょっと話してもいい?」「いいよ」「じゃあ、車で迎えに行くから、どこへ行けばいい?」

私のアパートの近くの目印になるところを教えると、彼女はやってきた。私をのっけて走り出したのだが、行き先を聞いても「うん、まあ」と言って答えなかった。

私の方から聞きたい話しに入った。

「どうして、職場をやめると言いだしたの?」

「怒鳴り調理師さん、ひどいのよ」

「やっぱりそうだったの」

「仕込みをやれ、って言うんでやったんだよね。これを切っとけ、って言うんで切ったら、何やってるんだ、切り方間違っているじゃないか、と怒鳴るんだよ。切り方を教えもしないで切っとけ、って言っといて、後で怒るんだよ。こんなの、ないじゃない。」

「そうだね。ひどいね。これはいじめるためにやってるね。ふつうは一度は教えるからね。」

「そう思うでしょ。そうなのよ。私をいじめるためにやってるのよ。」

ひとしきり、このときもそうだった、あのときもそうだった、という話になった。

そうこうしているうちに、「あれ、道を間違えたかな」とかと言いながら、けっこう走って、新築の一戸建てが並んでいるところに着いた。その一つの庭に車を入れた。

「ここ。私の別荘。老後に夫婦で住むために、いいのが安くてあったんで買っといたのよ。」

「ふーん。立派な家だね。」

中に入り、「最近来てないから」と言って、空気を入れ替えた。

「前の前の職場の人と年に一回くらい集まってるんだけど、そういうときにここでおしゃべりしてるのよ。近くに姉がいるんで、時々空気の入れ替えをやってくれているのよ。」

前々から感じていたのだが、どうもこの人の夫の像が見えない。

「星さんはずっと遅番で仕事やってるけど、夕食のとき、旦那さんをほったらかしにしておいて大丈夫なの?」

「うん。あの人は私を自由放任にしてくれるの。自分でつくって勝手に食べてくれているの。私は料理が下手なのよ。」

彼女は料理が下手なのはそうなのだが、別居しているのか、と思えるくらいに夫の影がうすい。たとえ老人同士であるとしても、女性と話しするときには、そのことを彼女が夫にどう話ししているのか、そして夫がどう思っているのか、ということが問題となるのである。職場の現実を打開するために職場の人と個別に熱心に話をする、などということは、ふつうの人にはなかなか理解しがたいことだからである。夫とのあいだでは、「そんなことなら、そんな会社やめてしまえ」という話になってしまうからである。

しかし、このことは、いまは問題意識にとどめておこう。

こんな立派な家をもっているのだから、生活に困っているわけではない。相手が悪いのに頭を下げて職場にもどる、ということそれ自体がおどろくべきことなのである。彼女は自立心に富んでいる、ということはいえる。

「それで、話って何なの?」

「うん。やめる、って社長に言いに行ったの。怒鳴りさんがこんなにいじめるんだ、って洗いざらいぶちまけたの。そうしたら、社長は、それは怒鳴りさんが悪いね、職場をよくしないといけないね、職場をよくするために頑張ってくれないか、あなたといっしょに頑張ってくれる人はいないか、と言うんだよ。」

「社長は自分でやらないで、うまいこと言うね。社長は怒鳴りさんを怖がっているからね。」

「うん、そうなの。それで、私は、北井さんはいい人だ、って言ったの。職場を変えてくれる人は北井さんしかいない、って言ったの。そうしたら、社長は、北井さんはいい人だね、じゃあ、あなたは北井さんといっしょに、職場を変えるために頑張ってくれないか、と言うんだよ。そう言われてね。私は、北井さんといっしょなら、何か出来そうじゃないか、という気がしてきたんだよね。それで、職場にもどります、と言ったの。」

社長は、星さんの必死の訴えと彼女の口から北井の名を聞いたことによって、怒鳴りさんをこの職場から追いだすために、私と星さんを利用することができると希望をもったのだ、と見てとれた。顔をほころばせて説得したのであろう社長を見、その言葉を聞いて、星さんは、社長の勧めに従うことに展望を見いだし自分をひっくりかえしたのだ、と私は感じた。

星さんはつづけた。

「もどると決めたんでね、あんな奴に頭下げるの癪《しゃく》だったけど、いったんやめると言ったのをもどるんだから、菓子折りを買って詫びを入れに行ったの。」

「すごい決断だね。立派だよ。」

「うん。私は北井さんを信頼してる。」

星さんが私をよくぞ信頼してくれた、と私は感動し感激した。職場の現実を打開し切り拓いていくためにこの人を信頼していっしょにやっていこう、と彼女は私を信頼してくれたのだ。現実変革のための仲間としての信頼だ。私は彼女を、彼女は私を、自分をうつしだし自分を省みる鏡とするのだ。私はこう感じてうれしかった。仲間としていっしょにやっていこう。——今日的に考えるならば、信頼といっても、この人は自分のことを心配してくれる、自分の気持ちをわかってくれる、いろいろ面倒を見てくれる、この人に頼らなければやっていけない、というような信頼もあれば、この人は自分にいろいろ教えてくれる、その人を師と仰ぐ、というような信頼もある。これらとは異なって、その労働者をプロレタリアとして変革していくためには、その人が自分を、いま働いている職場の現実を変えるために、仲間としてこの人といっしょにやっていこう、というように信頼してくれることが必要なのだ、と私はおもう。この職場には労働組合はなかった。だから、労働組合運動というかたちでたたかう、とはならなかった。だが、職場の現実があった。この現実を変えるために私はたたかった。そういう意味での職場闘争を私はやった。その私を、星さんは信頼してくれたのである。――

「うん。ありがとう。そう言ってくれてうれしいよ。じゃあ、二人で怒鳴りさんの職場支配をひっくりかえすために頑張ろう。」

「うん。」

「そういうふうにたたかっていくために、きょう何をやってどうだったか、ということを二人で話してつきあわせて、これからどうやっていくのか、ということを意志一致してやっていこう。」

「うん。ここで話しするのがいいね。」

「そうだね。それでね。星さんは、社長と話しして、社長をいい人だとおもったと思うんだけどね、社長っていうのは悪い奴なんだよ。」

「あの社長はいい男だよ。」

「そりゃあね。あの社長は、漫画のルパン三世みたいで、長身で、女の人から見れば、いい男だけどね。

社長というのは、経営者であり資本家であってね、その人物が、いくらその風体がよく、その性格や人となりがよくても、資本家という存在になれば、自分の資本を増やすために労働者を搾取するんだよ。」

「それはわかる。私ね、前の職場のスーパーでは、社長といっしょに魚をさばいてたんだよね。その人はいい人だったの。だから、私は、自分と社長の分け隔てがないんだよね。」

「そうだった、ということはわかった。いまの会社を見るとどうだろう。金がないっていうんで、人をどんどん減らし、労働者をこき使っているもんで、仕事がまわらなくなっているじゃない。知ってる？　昼は人数が足りなくて時間に間に合わず、食事は二〇分遅れます、とか、三〇分遅れます、とか、全館放送してもらってるんだよね。そうすると、施設の職員さんは、食堂まで連れてきた入所者さんをいったん部屋まで戻さなければならない。それに、これを家族が聞けばこの施設は何だ、ということになってしまう。こういうことをやっていると、この先の三月は契約更新の年じゃないんで大丈夫だけど、再来年の三月には、確実に施設から契約を切られてしまう。「こんなことをやっていると切られるぞ。人を増やせ」と私は社長に言うんだけどね、社長は金がない、っていうんだよ。人を増やさないで、いまの労働者をこき使うことを、社長は怒鳴りさんにやらせてるんだよ。」

「そうだね。この会社も昔は羽振りがよかったからね。」

「昔のこの会社を知ってるの。」

「知ってる。有名だったよ。葬儀の時のここの弁当は立派だって、人気だったよ。先代が亡くなった後、その仕事も手放したようだけど。」

「よく知ってるね。いまじゃ、この施設ともう一つの老人ホームと山の家みたいなとこしか残ってないじゃない。その山の家も、期限切れのマヨネーズをだしたというんで、来年の三月に切られるのは確実だし。会社を守るために、っていうんで無理して人を減らすから、いっぱい問題がでるんだよ。これが資本であり、資本家なんだよ。」

「そうだね。この職場にはじめて来たとき、おどろいたよ。みんなわき目もふらずによく働いてるんで。誰に監視されているのでもないのに遊びも休みもしないで。こんな職場、いままで見たことなかった。」

「そりゃそうだよ。少ない人数で時間に間に合わせなければならないんだから。仕事そのものに労働者は強制されてるんだよ。」

「そうだね。」

「だから、ここの契約が切られて全員解雇というようなことにならないように、人を増やせって、社長ともたたかわなければならない。」

「わかった。その点、中国は立派だね。」

「何で?」

「みんな頑張っていて、発展してるじゃない。」

「あれは、みんな資本家に成り上がろうとして頑張っているだけじゃない。労働者をごしごし搾取しているんだよ。マルクス主義をスターリンが歪曲したのがスターリン主義。このスターリン主義官僚が以前は中国を支配していたんだよ。このスターリン主義官僚が、いまは資本家になって労働者を搾取してるんだよ。」

「ヘエー、そうなの。」

彼女がわかった感じはしなかったが、この中国の問題は、ここでは措くことにした。若いころに人民中国に関心を抱いていたことがあったのかどうか、と気になったが、そういうことはなく、歴史貫通的にただ、中国の人は頑張っている、とおもっているのだと、思われた。

彼女は、社長は資本家であって悪いんだ、というようなことはわかったとは言えず、人を増やせ、と社長に言わなければならない、というようなことをつかみとったところだ、と推察できた。

社長にたいする彼女の感じ方としては、怒鳴り調理師に職場をやめさせるためには社長にその権限を行使してもらわなければならない、という現実感覚をもっていることが大きい、と私にはおもわれた。彼女は、自分が職場に残るか、それとも、怒鳴り調理師が職場に残るかだ、と切実に感じているようであった。

私は言った。

「私には、私の言うことに怒鳴り調理師を従わせるだけの力はない。いまは二人だけれども、怒鳴りさんの職場支配をうち破るとともに、社長に人を増やせと要求する仲間をつくりだしていかなければならない。私よりも何か月か上の、おしゃべりのおばさんがいるでしょ。あのおしゃべりおばさんを何とかしたいと思うんだけどね。」

「じゃあ、おしゃべりおばさんをここに連れてこようか。」

「うーん。あの人は怒鳴りさんに反発していると同時に、関係が深いからね。もっと、あの人といろいろ話ししていって、この職場を何とかしたい、という意欲をもっとつくってからでないと無理だと思う。」

「そうね。もう一人のなかの良い、七〇歳のおばさんとぺちゃくちゃ不満を言いあっているだけだもんね。」

「うん。不満を言っているということと、自分の意志をもっているということとは別だからね。」

「私ね。目的をもって生きることにしてるの。」

「それはすごいね。哲学的だね。」

「一〇年後は七〇歳でしょ。七〇歳には自分はこんな人間になっているんだ、と考えてね。」

「へえー。そうするとね、この職場を変える人間になる、この社会を変える人間になる、って考えたらどう?」

「うーん。」

「じゃあ、いろいろ話していこう。いろいろ勉強していこう。」

「うん。」

こう確認した。

このようにして、反怒鳴り調理師・反社長フラクションのようなものをつくりだしたのである。

このあと、遅番でいっしょだったときには、私は自転車を職場の近くのファミリー・レストランにおき、星さんの車にのっけてもらって、まわりを一周しながら、またそのファミレスに車を止めて話しした。両方とも休みの日には別荘に行った。前回のあと、どういうことがおき、そのとき自分はどうしたのか、ということを報告し合い、それについて分析しまた反省し、じゃあどうすべきか、ということについて話し合った。

新たな事態が勃発した。

3 「あいつをやめさせてその金を俺にまわせ！」

遅番専門の労働者には、星さん以外にもう一人、四〇代前半の若者がいた。この職場では彼は、二人の栄養士を除いては、とびぬけての若手だった。そういうことで、彼を若手さんと呼ぼう。

若手さんは仕事の合間に私に言った。

「怒鳴りさんが、みんなの待遇改善のために社長と交渉しよう、と言ってるんだよ。北井さんもいっしょにやらない？」

「エエッ、怒鳴りさんがそんなこと言ってるの。よし、やろう！　団体交渉だね。時給上げてもらわなきゃ。働いただけの時間、労働時間として計算してもらわなきゃ。よし、いっしょにやろう！」

「そうだよね。」

二人で、そう意志一致した。

若手さんとは、「ここはひどすぎる」と、ずっと話ししてきていた。勤務として指定された時間以外は労働時間から切り捨てられることについて、「常識外れだ」と、彼は頭にきていた。時給は彼も私と同じ七五〇円だったが、「こんなんじゃ生活できない」、と怒っていた。

彼はコンビニの店長だったのだが、そこがつぶれたので、けっこう離れているここにやってきたのだった。店長のときにはそれなりの給料をもらっていたけれども、店の売り上げを維持するためにその給料の大半をつぎこんで店の商品を買いこんでいた、ということであった。それでもついに店がまわらなくなったので、オーナーは店をたたんだのだ、ということだった。彼は、店でパートで働いていた一回り若い女の子を嫁さんにしていた。しかし、子どもをつくる余裕はないようだった。

高校を出た後は東京の大学に行っていたのだが、親からもらった学費を麻雀につぎこんで使い果たしてしまったのが親にばれて、退学にさせられてしまったんだ、と彼は言っていた。

こういう彼に、私は「労働者としてたたかっていこう」と話ししてきたのだった。

その日がきた。

仕事をしている私を、若手さんが「社長がきた。行こう」と呼びにきた。二人で小走りで行くと、入り口のドアの外に社長と怒鳴りさんが立っていた。

私を見て怒鳴りさんが言った。

「二人で社長と話しがあるから、北井さん、はずしてくれ。」

私は「エッ」とおどろいた。思わず若手さんを見ると、何事が起ったかというように目を見開いた後、バツの悪そうな顔に変わった。彼もこんなことは聞かされていなかったようだ。

私は戻って、夕食づくりの仕事を一人でやった。かなり長い時間がたって二人は戻ってきた。口を開かなかった。社長はそのまま帰ったようだった。若手さんは、もう、私にはよそよそしい態度になっていた。

若手さんは一瞬にして怒鳴りさんに抱きこまれてしまった。一瞬にしてひっくりかえされた。たとえ会社への不満を言いあい、こういうように要求しようと意志一致していたとしても、この職場の現実を変える

ために この人を信頼していっしょにたたかっていこう、というように、彼が私を信頼していないと駄目なのだ。その意志一致はもろいものだ、このもろさを超えるものを彼のうちに私はつくりだしえていなかった、と私は思い知らされた。

それでも気をとりなおして、横に並んで仕事をする場面になったときに若手さんに聞くと、「怒鳴りさんは、正社員にせよ、と要求した。自分は年金・健康保険への加入と交通費の引き上げを要求した」、ということだった。若手さんの要求したものは、職場のパート労働者たちみんなが要求するものから自分だけの要求に変わっていた。

煮ている料理が出来上がるのを待っているときに、怒鳴りさんは言った。

「年食ったあの（七一歳の）おばちゃんは、間違うし遅いし、もうやめてもらった方がいいんだよな。北井さんやおしゃべりおばちゃんについては、待遇改善してくれるように言っといたよ。おばちゃんたちは昼、早く帰りたい、と言ってたからな。」

朝食をつくるときに私と七一歳のおばさんとで組んでやることがあったが、彼女が間違ったり遅かったりすることはなかった。

そっぽを向いている感じの若手さんからさらに聞きだすと、「怒鳴りさんは、要求をのまないと俺たち二人は会社をやめるぞ、と社長をおどした。社長は検討する、と返事した」、ということだった。

怒鳴りさんは七一歳のおばさんをやめさせる気だ、と見てとれた。

次の日、事態ははっきりした。

出勤した私に、怒鳴りさんは、「七一歳のおばちゃんは、社長に呼ばれて会社の事務所へ行ったぞ。いま、話ししてるんじゃないか」、と教えてくれた。

怒鳴りさんは、自分を正社員にして賃金を上げるために、七一歳のおばさんをやめさせて、彼女に支払っていた金を自分にまわすことを要求し、社長はそれに従って、彼女にやめるように話しているのだ、と断定できた。

さらに次の日、怒鳴りさんは言った。

「あのおばちゃんは、社長が言うのをはねのけて、やめない、と頑張ったらしい。社長が、仕事ができてないそうだから時給を下げるぞ、と言ったら、それでもいいからやめない、と頑張ったんだって。それで、時給を下げられて、やめないことになった。」

苦笑しながら言ったその顔は、残念そうに見えた。

労働者の風上にも置けない。この彼をやめさせなければならない。私はその思いを強くした。

さらに、翌月のシフト表が配られたとき、それを見ると、早番は変な勤務指定になっていた。一一時三〇分で終わりとなっていたからである。これも、従来との差の三〇分ぶんの賃金を削るためである、と言えた。その分、残った片付けの仕事は、一二時三〇分ぐらいに出勤せざるをえない遅番の者に押しつけられた。

時間は流れた。社長からの返答はないようだった。

若手さんは不安そうに言った。このときは私に心の内を打ち明けているようだった。

「この業界をよく知っている人に聞いてきたんだけど、調理師というのはいっぱいいるんだって。経営者はそのなかから引っ張ってくればいいんで、「やめるぞ」と脅したら、「はい、どうぞやめて下さい」ってなるんだって。」

「ふーん、そういうものなの。」

私はそう答えたが、そうだろう、とおもえた。怒鳴りさんは、自分一人で「やめるぞ」と脅したのでは、「はい、どうぞ」となってしまうので、若くて力のある若手さんをまきこんだのだ、と分析できた。私までをもまきこんだら、分け前が少なくなってしまうので、それはできない、ということだ、と言えた。

私がこの職場に採用される直前に次のようなことがあった、とおばさんたちから聞いていた。

古手のおばさんたち四〜五人がこの職場の仕事を仕切っていた。その人たちは遅番であり、夕食をおしゃべりしながらゆっくり食べて遅くまでかかって仕事をした。そのときには、働いた時間どおりに賃金が支払われていた。その人たちは、昼間、仕込みをしながら社長の奥さんである専務の悪口をさんざん言った。それを、そのすぐ隣で事務をとっている事務専門の人が聞いていて、社長に、ご注進ご注進と密告した。これを聞いた社長は激怒して、勤務として指定した時間分しか賃金を支払わない、と通告した。それで、今度は、古手のおばさんたちが怒って辞表をたたきつけた。おばさんたちは、自分たちがやめるとこの職場の仕事がまわらないから、社長が折れてくる、と踏んでいた。ところが、妻を侮辱した者は許さない、と腹をかためていた社長は「どうぞ、やめて下さい」とやった。それで、この四〜五人はやめざるをえなかった。――

そのとき、これを聞いて、私は事情がわかった。

この専務の父親や現場への食材の配達をやっていた人をこの職場にまわしても人が足りないときに、私が面接を受けたので、どこの馬の骨ともわからない老人の私が仕事にありつけたのだ、とわかったのだった。

また次のこともわかった。

私が仕事をはじめたすぐのときに、仕事のできる女の調理師がきた。この人を、怒鳴りさんは「お前は何のためにここに来たんだ！」と、ものすごい剣幕で恫喝してやめさせてしまった。私は何事が起ったのか、わからなかった。この人は、この施設が開設されたときの調理師でありずっと前にやめていたのを、社長が頼みこんで連れてきたのだ、とおしゃべりおばさんたちは説明してくれた。これを聞いて、怒鳴りさんは、自分をやめさせるために社長はこの人を連れてきたのだ、と勘ぐって、この人をやめさせたのだ、と私の頭にひらめいたのだった。

私の脳裏に、こういうことがどっと思い起こされてきた。

調理師という職人の層があり、その人たちが職をもとめて流動しているのだろう。社長とその妻の専務(経営者＝管理者はこの二人しかいないが)は、四〜五人が一斉にやめたのをのりきったという経験をもっている。社長は人物としては気弱でありひ弱であるが資本の人格化である。

怒鳴りさんは、やるならやってやろうじゃないか、というような腹のかため方をしながら、どこまでうまくいくのか、というように細かく計算しているのだろう。

社長は返答しないままだった。

4　味噌汁にビニールが入っていた

「ああ、これかこれか、とは何ですか！」

いつもは物静かな、女性の施設長が、カンカンに怒って厨房にやってきた。

「いや、最初に謝ったんですよ。」

怒鳴りさんが対応した。

二人は、厨房の狭い事務室に入って話しはじめた。ガラス越しに二人の激しい口の動きだけが見えた。言い争っていた。延々とつづいた。私は片付けの仕事をつづけた。

施設長はプンプンしながら帰っていった。怒鳴りさんは、施設長の抗議を押し返したようだった。えらいことになった。

味噌汁にビニールの切れ端が入っていたのである。異物混入問題である。

事態はこうである。

一八時前に、施設の職員さん＝介護士さんが、料理を乗せたワゴンをエレベーターで上げた。その少し後に、二階のユニットの職員さんから内線の電話があった。

「味噌汁に異物が混入していたので確認に来てください」、というものだった。

味噌汁はそのユニットの分を鍋に入れてワゴンで持っていってもらったものだ。職員さんがお椀に盛ったときに見つけたのだ、とおもわれた。

怒鳴りさんが「俺が行ってくる」と言った。これはきわめて珍しいことだった。

いつもは、「北井さん、謝りに行ってくれ。北井さんが謝ると、一番謝っている感じがするから」、と彼は言うのであった。

仕込みのときにこの味噌汁の具となる材料を切ったのが怒鳴りさん自身だったのかもしれない。

二階に上がっていった怒鳴りさんは、帰ってきて、「一センチぐらいのビニールだったよ」、と言った。

その直後に施設長がカンカンになってやってきたのである。早かった。二階の職員さんが報告してすぐにきた、とおもわれた。

怒鳴りさんは、ビニールを見て「ああ、これかこれか」と言った、とおもわれた。施設長から弾劾されて、彼は、この言葉を言ったということ自体は否定しなかった。こう言っておれば、その前後に「すみません」と言っていようがいまいが関係はない。反省の色が見えない、と判断されるのは当然のことである。

老人ホームでは異物混入は大問題であった。入所者が喉に詰まらせると大変だったからである。こういう問題を引き起こすと、施設側から反省書を書かされた。その用紙には、どのようにしてそうなったのかの現実とその反省、そのようなことを起こさないための打開策、これらを、作業者本人・厨房責任者・栄養士の三者がそれぞれ書く欄があった。

その少し前にも、ご飯に髪の毛が入っていた、ということがあった。怒鳴りさんに私は、「あの髪の毛は(七〇歳の)おばちゃんのものだと思うけど、おばちゃんは反省なんか、書けないから、北井さんがしくじったことにして反省を書いてくれ」」、と言われて書いた。

施設長からすれば、私がいっぱい失敗をやっていることになる。しかし、そういうことは問題ではなかった。施設長の立場にわが身をうつしいれて考えるならば、業務を委託した会社が異物を混入させることそのものと、その会社が反省して克服する、と判断できるかどうかが問題だ、といえるのである。

怒鳴りさんが施設長を押し返したことはダメ押しになる、と判断できた。施設長は、怒鳴りさんに怒り心頭に発している、と言えた。

施設長は怒鳴りさんの雇用主ではないので、彼を解雇することはできない。施設長が彼をこの厨房から追放するためには、業務委託先の会社そのものを追い出す以外にない。業務委託の契約を更新しない、という手をとることになるのである。そして、彼女はそのように決断している、と推察できた。そのような怒り方だった。

この件の何日か後の朝に、社長が職場にきた。朝食の食器を洗浄機で洗っている私のところにも、「元気にやってますか」、と声をかけにきた。

私は、「昼食だすのが何度も遅れてますよ。人を入れないでこんなことをやっていたら、切られますよ」、と強い声で言った。

社長は、「会社のことを心配してくれてありがとう」、とかわしながら、「会社には、北井さんが知らない出費がいろいろあるんだよ」、と答えた。

社長は思わず口走った、と私は感じた。この出費とは、膨大な累積赤字の元利支払いのカネをさす、とおもわれた。市役所の一〇階にあった、昼食を食べさせる喫茶店が経営に行き詰まり撤退したときに巨額の赤字を出したようであったからである。そのときの「赤字だ、赤字だ」という社長一族の騒ぎ方は真に迫っていた。この借金の支払いに、この施設からもらったカネをつぎこんでいるようであった。そのことを施設長は知っている、とおもわれた。彼女からすれば、自分が支払っている給食代金に比して、こんなに人が足りないのだから、当然のことではある。

全員解雇をまねきよせるようなことをする怒鳴りさんと社長に対決していかなければならない。

5　社長の反撃とそのとん挫

「あしたから、山の家でやっていた調理師さんがここに来るんだって。自衛隊上がりなんだって。」

私が職場に行くと、おばさんたちが騒いでいた。怒鳴りさんが横から口をはさんだ。

「俺をやめさせるつもりだ、そいつととっかえようってんだ、社長の野郎は。」

そりゃそうだ、社長の反撃だ、と私は感じた。

次の日。

職場にいくと、それらしい人物の姿が見えなかった。

「アレ、来てないの?」

「もう帰ったよ！」怒鳴りさんがまくしたてた。「社長は甘いんだよ。ヤツの細菌検査（検便）をやってねえんだ。今月は山の家の方でやったんで、それでいいと思ってたんだって。ここへ来るからには、検査結果をこの施設にださなければならないのに。それで、細菌検査をやってない奴は入るな、と俺はヤツを厨房に入れなかったんだよ。ヤツは、廊下をうろうろしていたよ。メニュー表とその材料表を見せて、これでやれるものならやってみろ、と言ったら、オタオタしていたよ。老人ホームでやったことのない奴ができるわけねーじゃないか。社長からは何も聞いてないんだって。あそこへ行ってくれとしか聞いてないんだって。やることないんで、ヤツはすごすご帰っていったよ。細菌検査をすぐやっても、その結果がここに届くのは一週間ぐらいかかるんじゃないか。」

たしかに社長は甘い。軟弱だ。自衛隊上がりの調理師をこの職場に配置しメインの仕事をやらせる、と同時に、怒鳴りさんと若手さんに「二人の要求は拒否する」と回答する、というのが、社長の腹づもりであった、とおもわれた。それが、細菌検査というほんの入り口で、社長のこの目論見はとん挫した。しかも、怒鳴りさんにぶちあてる人であるにもかかわらず、自衛隊上がりの調理師に事情を話し、構えをつくる、ということさえをもやっていなかった。

その次の日。

「社長は俺たちの要求をのんだぞ。」

怒鳴りさんは勝ち誇ったように言った。社長は自衛隊上がりの調理師の就労を阻止され、怒鳴りさんに追及されて、屈服したようであった。

一週間後、自衛隊上がりの調理師は職場にやってきた。彼と怒鳴りさんが併存して仕事をやることとなった。職場は険悪な空気に包まれた。われわれはその空気のなかで仕事をした。

自衛隊上がりの調理師はフルタイムのパートの契約だったので、勤務指定時間が朝の五時三〇分～一五時までのA番、九時～一八時までの中番、そして一一時～二〇時一五分までのB番の三つのシフトに配置されることとなった。そうしたことから、私と組んでやることも多くなった。

彼は六〇歳過ぎであり、長身ではあったが、自衛隊上がりという言葉からうける印象とは違った。怒鳴りさんにぶちあてられ、相手がやめなかったのであるからして当然のことではあるが、ブツブツ、ブツブツ文句を言った。こういうことから、ここでは彼を、ブツブツさんと呼ぶことにしよう。

彼が怒鳴りさんから、見るからに毛嫌いされる態度をとられていながらもへこたれなかったことのほうが不思議なくらいであった。「俺は社長に言われて、ここに来たんだ」と彼は事あるごとに言った。自分は社長にみとめられ、その意向にそって仕事をしている、ということが、彼の支えになっているようであった。これが、彼がへこたれないゆえんであるようであった。

彼は、「若いときに自衛隊に入ってやめた後、トラックの運転手など仕事を転々としてきた。調理師の免許をとったが、料理人としてたいしたことはやってこなかった」、と言っていた。彼には、料理人としての職人気質はなかった。どんな仕事でもこなせるんだ、ということを誇りにしている感じであった。

いつもと同様に、星さんと車のなかで話したとき、彼女は言った。

「怒鳴りさんがやめても、北井さんとブツブツさんがおれば、この職場はやっていけるね。」

「そうだね。やっていけるね。彼は調理ができ、私はこの施設ではどういうものをどういうふうにつくり、どういうことに注意すればいいかということが頭に入っているから、細かいことを私が教えるというかたちで二人三脚でやると、できる。」

「ブツブツさんは怒鳴りさんにいじめられても頑張ってるね。」

「そうだね。社長の意向をうけてここに来たんだ、という気持ちがあるからじゃないかなあ。なんか、社長とのつながりが強そうだよ。怒鳴りさんみたいに自分の意にそわない人間はやめさせる、というようなところはないから、頑張ってもらわなきゃならないけど、われわれといっしょにやっていくと決断するような人じゃないね。俺は会社のために働いてるんだ、会社あっての自分たちだ、とおしだすところがあるからね。」

「そうだね。あんまり、みんなのために、って考える感じじゃないね。いろいろ教えてもらうから、北井さんを頼りにしているけど、北井さんを信頼していっしょにやっていこう、って感じじゃないね。」

こんな話をした。

職場は険悪な空気のままであった。

また事態が発生した。

6　大喧嘩

私が早番の仕事のときであった。

九時になっても、怒鳴りさんが姿を見せなかった。連絡もなかった。いつもは八時には出勤している人である。一大事であった。栄養士が社長に電話した。社長はブツブツさんに連絡したようであった。比較的近くに住んでいるブツブツさんが自転車でやってきた。社長も駆けつけてきた。ところが、である。そこに怒鳴りさんが何食わぬ顔でやってきた。道路事情などで遅くなっただけだ、ということであった。

彼は着替えて調理室の入り口に立つなり、すでに仕事をはじめていたブツブツさんを見て、ものすごい勢いで「お前は何をしにここへ来たんだ！　きょうは俺の仕事の日だ！」と怒鳴った。

ブツブツさんはふりかえって、「俺は社長に呼ばれて来たんだ！」と怒鳴り返した。

ブツブツさんはまた仕事をし始めたが、怒鳴りさんはフライパンをつかんで近づき、二人はコンベクションの前で顔をつきあわせてにらみ合った。

怒鳴りさんは、フライパンでそばの荷台を力まかせにたたいた。「バーン」とものすごい音がした。一部始終が、調理室の外の施設の職員さんに聞こえているのではないか、と思えた。

私は割って入らなかった。衝突は不可避であった。

社長はおろおろしながら遠巻きにしていた。怒鳴りさんは社長の方に向き直って「社長！　どうするんだ！」と叫んだ。

社長は手でなだめるような仕草をして「まあ、まあ」と言った。

これで決した。怒鳴りさんとブツブツさんの併存は固定化されることとなった。

社長の側から言えば、「こんな騒ぎを起こすようでは、やめてくれ」と怒鳴りさんに通告する絶好のチャンスであった。そうすれば、怒鳴りさんは「こんな会社、やめてやる」と尻をまくって帰ってしまったはずであった。社長としては、そうなることを期待して、実質上、ブツブツさんをけしかけてきたのだ、と推測できた。ところが、お膳立てができ、自分の出番になった瞬間に、尻込みしたのである。

会社組織としてはもちろん社長の方が雇い主であり上なのであるが、この職場における力関係としては怒鳴りさんの方が優位に立ち、彼を正社員にするという約束が反故にされる可能性はなくなった。

ということは、この会社が施設側から業務委託契約を解除されることは、揺るぎようのないものとなったことを意味する。

車のなかで星さんと話しをしたとき、彼女は言った。

「社長はしょうがないね。」

彼女は、社長が決定的瞬間に怒鳴りさんに「やめてくれ」と言わなかったので落胆しているようであった。

「うん、そうだね。あの社長だからなあ。それにしても、経営者、資本家としてだらしがないねえ。自分の会社を守るという気概もないんだからね。われわれとしては、施設から契約を切られて、会社が倒産するというだけならいいけど、それでわれわれが全員解雇になってしまうのが困る。全員解雇を阻止しないとね。どうしても全員が解雇になってしまうなら、代わってこの厨房に入ってくる会社に全員が採用されるように、へこたれずに追求する以外にないけどね。怒鳴りさんが採用されないのは確実だけど、年寄りが採用されない可能性が強いのが困る。」

「そうだね。」

構え直してがんばっていこう、と星さんと私は確認した。

7 「あの人、全部しゃべったんだわ」

夫の転勤との関係でこの職場をやめるということになった年上の方の栄養士の送別会をやろう、ということになった。怒鳴りさんが言いだしたのだが、送別会などというのははじめてのことだった。やめる人が多いので、そんなことは、これまで問題にならなかった。また、一日中、誰かが仕事をしているので、時間をつくることができるとは思えなかった。それを、早番のおばさんたちが、夕食の食器の洗いと翌日の準備の仕事を手伝って、早く終わるようにしよう、というのである。怒鳴りさんは、自分が勝利したうえで、みんなのことをおもんぱかっているとしめそうとしたのかもしれない。

私と星さんは、おしゃべりおばさんと三人でごく自然に話しする場をつくりだすチャンスだ、と話し合った。送別会は飲み屋でやることになり、飲む人は車を運転できないから、飲まない人が手分けしてみんなを送っていこう、飲む人は車に乗ってこないようにしよう、という話になったからである。組み合わせを考えれば、車のなかに三人だけ、という場面をつくりだすことができる。

その日がきた。おしゃべりおばさんたちは、一八時に、もう手伝いに来てくれた。その帰りである。星さんは「私が怒鳴りさんを送っていく」、と言った。方向が同じなので、職場に自転車を置いている私と、職場のすぐ近くに住んでいるおしゃべりおばさんがその車に便乗させてもらう、という話になった。怒鳴りさんは、朝は、家族の人に職場まで車で送ってもらってきていた。四人で乗りこんだ。私は「一番遠い怒鳴りさんを最初に送り届けるのがいいんじゃない」、と言った。そうなった。

車は、隣の市の怒鳴りさん宅までまっしぐらに走った。彼をおろして、取って返した。

車のなかに三人となったとき、「どうもこのままだと施設から契約を切られちゃうね」、「怒鳴りさんは昼食をもっと早くつくってくれるといいのにね」、「怒鳴りさんの施設の人への対応は何かまずいね」、「怒鳴りさんはブツブツさんや星さんへのあたりが強いね。ここは変えてもらいたいね」、などなどと三人が口々に話し、「そうだ、そうだ」、となった。「また、三人で話ししよう」、と私は言った。

私は職場でおろしてもらった。星さんはおしゃべりおばさんを彼女の家まで送っていった。

うまくいった、と私はおもっていた。

ところが、である。

遅番の仕事の後の車のなかで、星さんは、「おしゃべりおばさんは、私にツンツンするんだよね。あれの次の日から、私への態度が変わったんだよ」、と言いだした。

私は、「私への態度は変わらないよ。……おかしいね。……みんなの前で星さんと仲良くするのは変だから、ということはない？」と言ったのだが、彼女は、「うーん」と、そうじゃないんじゃないか、というふうであった。

どうもわからなかった。

こういうこともあった。

怒鳴りさんが私に聞いた。「あの日、あの後、どっちが先に降りたんだい。」「私が先だよ。職場の前で降ろしてもらった後、おしゃべりおばさんを送っていった」、と私は答えた。それだけの会話であった。

それから、それなりに日がたってからのことである。

「あの人、全部しゃべったんだわ。」星さんは言った。

「エッ、何を、誰に。」私はびっくりして聞いた。

「あの後、おしゃべりおばさんの家の前で車を止めて、三〇分か一時間くらい話ししたのよ。あらいざらいしゃべった。それをあの人、怒鳴りさんに全部しゃべったんだわ。」

「エエッ、そうだったの。」

「そうなのよ。怒鳴りさんが借金返済のために、自分の親の家を売り払って、奥さんの実家に転がりこんだ、ということまでしゃべった。」

「エッ、そんなことまで知っているの。」

私もはじめて聞くことであった。考えてみれば、そういうことであろう、とおもえた。怒鳴りさんは、職場に比較的に近い市内から、遠くの隣の市まで引っ越していたからだ。以前は、立派な車に乗ってきていたが、バイクに変わった。あの車を売り払ったんだな、と私は推測していた。家の主《あるじ》が親と子どもを殺して一家心中をはかった、という事件があったとき、怒鳴りさんは「身につまされる」、と言っていた。借金の重荷はそうとうなものなのだな、と感じられた。こういうことが思い起こされた。

彼女は「うん」と、この地域ではよく知られていることだ、という感じでうなずいた。

「うーん。そうすると、そういえるね。おしゃべりおばさんは怖くなったんだね。怒鳴りさんに背くように感じて怖くなって、怒鳴りさんにしゃべったんだね。彼女としては、星さんが自分だけにしゃべったことを自分の胸の内におさめておかないで、相手の方にしゃべっちゃったもので、後ろめたさもあって、星さんにツンツンしているんだね。わかった。そういうことだね。」

「そうだとおもう。」

「そうすると、われわれの、おしゃべりおばさんの分析は間違っていた、ということだ。私は、あの人はもっと芯のある人だとおもっていた。度胸がないんだね。怒鳴りさんがやめてしまえば、それはそれでいいんだろうけど、彼が職場にいるかぎりは怖いんだね。……怒鳴りさんが、私がいつ車から降りたのかを聞いてきたけど、あれは、私がその話の場にいたのかどうかを探っていたんだね。……仕切りなおそう。怒鳴りさんが星さんに報復してくるだろうから、構えておいた方がいいよ。」

「うん。そうだね。」

われわれはこのように確認した。

しかし、今日的にふりかえると、星さんの内面への私のふみこみが足りなかった、と痛感する。私には、星さんの、よくわからないところがいっぱいあった。それについて私がいろいろと質問し、この問いに、自分の心の動きを省みてつかみとり答えるのは、そういう論議に慣れていない・いまの星さんにはなかなかむずかしいのではないか、とおもって、私は、これ以上はふみこまなかったのだ。これが誤りであった、といま思う。

「あの人、全部しゃべったんだわ」と星さんは言ったが、私にこうしゃべった直前に、彼女はこう考えたのだろうか。おしゃべりおばさんが自分にツンツンするというこの態度に直面したその瞬間に「あれだ」と直観した、ということはないだろうか。こういうことを確かめるような・踏みこんだ論議を、それまで星さんとしたことがなかったので、私には推測がつかなかった。彼女は、私と会話がかみ合うので、カンのいい人だと私には感じられた。このことからすると、ツンツンされた瞬間に「あれだ」と直観したのではないか、と考えられるのである。そうすると、そのことを私にすぐに言わなかった、ということになるのである。それはなぜか、と考えると、思わぬ事態が引き起こされた、という後ろめたさのようなものが彼女に働いたのではないか、ということが考えられるのである。いま思うに、こういうことについては、彼女に「いつ、そういうふうに思うようになったの?」と聞いて論議すればいいことであった。そのとき、そういうふうに聞かなかったので、いまは推測するにとどまる。

そうすると次のことが問題となる。あの日、三人でいるときには、そのあとでも話をするというそぶりは星さんにはまったく見えなかった。二人でさらに話しをするということは、私とも確認していなかった。そうすると、星さんは自分でもおさえきれなくなってワーッとしゃべりだし、とまらなくなったのではないか、ということが考えられるのである。いまにして思えば、これについても、そのときに、「どうして、そんなにワーッとしゃべることになったの?」と彼女に聞けばいいことであった。そうではあるが、当時は、いろいろと聞くと、彼女は非難されていると感じてちぢこまってしまうのではないか、と気づかって、私は聞くことができなかったのである。この私の思いめぐらし方がおかしいのだ、とおもう。

そのときには聞いていないので、いま推測する。

では、それをつき動かしていたものは何か。怒鳴りさんへの怒りだろうか。何としても仲間をつくりたい、という強い思いだろうか。両方あるだろう。いま考えると、膠着した職場のこの局面において、怒鳴りさんと対決しうる主体へと自分自身を鍛えあげていく、というように自分自身にむかうことが弱いままに、何としても怒鳴りさんをこの職場から追いだしたい、という上ずった気持ち・衝動に、彼女は駆られたのではないか、という気がするのである。

このように思い、あの時、もっと星さんの内面にふみこんで論議し、もっとおちついて自分自身をつくっていこう、と彼女にうながし彼女をはげまさなければならなかったのではないか、という気がしてきたのである。それと同時に、彼女の内面にふみこんで論議することをとおして、彼女に、自分の行動をつき動かしているところの・自分の内面にうずくものを自覚的にほりおこして見つめることをうながしていかなければならなかった、といま私は痛切に感じるのである。

私は、現時点で自分自身をふりかえって、このように反省するのである。

8　退職

怒鳴りさんは私に聞いた。「星さんに早番をやってもらうのはどうだい。」

私は、「まだ早いんじゃないの」、と答えた。私は、怒鳴りさんは私の判断を聞いたのだ、とおもっていた。

ところが、その数日後に配布されたシフト表には、次の月の中ごろに、おしゃべりおばさんと星さんとで組んで早番をやる日が入っていた。私は、しまった、とおもった。怒鳴りさんの言は、私への通告であったのだ、星さんと今度遅番でいっしょになったときに、どうするのがいいのかを話ししよう、と私は考えた。

だが、その日がくるよりもまえに、出勤した私に怒鳴りさんは言った。

「星さんがやめたぞ。」

「エッ」とおどろいている私に、彼はつづけた。

「きのうの夕方、調理室の隅っこを掃除してくれ、って言ったら、「何で、私ばかり掃除させるんだ」って、ものすごい勢いで俺に食ってかかってきたんだ。むこうから喧嘩売ってきたんだ。俺は、汚くなっているから掃除してくれ、と言っただけなんだよな。そのあと、やめちゃった。」

彼は、弁解とも何ともつかないかたちでそう言った。

星さんは、怒鳴りさんの仕打ちの意志を敏感に感じとったのだろう。彼女は、無意識的にか、半ば意識的にか、やめるための劇を演じたのかもしれない。おしゃべりおばさんと組んで、はじめての早番の仕事をやるのは耐えがたかったであろう。いや、朝食の調理には習熟していても、相棒に教え指揮しながら手を休めずに自分の仕事をするという仕事の仕方ができるとはいえないおしゃべりおばさんと組んで、見習いのための三人での取り組みを一回もやることなく、星さんが朝食づくりの仕事をすることは不可能であった。

だが、彼女は、職場をやめるという自分の意志を、事前に、そしてそう会社に通告したうえでも、私に知らせてくれなかった。彼女の、職場をやめるという意志は、私とともにたたかっていくということをも断つという意志である、と私は判断した。

私は星さんに電話して、「やめたんだね」と言い、私の休みの日に会おう、と約束した。彼女は、「やめると決めたの」、と言った。

その日、彼女は車で私をむかえにきて、別荘へ行った。もう、やめたうえでの、ねぎらいの会のようになった。あのときは大変だったね、といろいろと話しをした。

そのなかで、彼女はさらりとごく普通に言ったのだが、私はびっくりした。

「怒鳴りさんは、私に、早番をやるのはどうだ、と聞いてきたんだわ。それで、私は、北井さんといっしょでならやる、と言ったのよ。そうしたら、そのあとになって、北井さんは、あんたといっしょにやるのなんか、いやだ、と言っているぞ、なんて言ってくるんだわ。」

私は、私の感覚がまったくくるっていた、と感じた。怒鳴りさんが私に聞いてきた背後には、この会話があったのだ。私は、怒鳴りさんが何ごとかをたくらんでいるのを直観して、「ああ、いいね。私と星さんで組んで早番をやるのがいいね。私が教えながらやれば、星さんはできるよ」、と答えなければならなかったのだ。星さんがはじめての早番の仕事を――見習い期間をもうけずに――二人だけでやるためには、これ以外になかった。

しかし、もう、私の方から、こういうことがあったんだよ、と怒鳴りさんと私の会話を明らかにし、私の直観がわるかった、と私の反省を提起して論議することは、私にはできなかった。彼女は、もう過ぎ去ったこととしてしゃべったからだ。論議するためには、彼女のこの現在的な立場をくつがえさなければならなかった。職場をやめる、という自分の意志を、自分から私につたえないのはおかしいじゃないか、と私はせまらなければならなかったからだ。「あなたが別の職場に行っても、私と論議していっしょにたたかっていこう」、というように話しして、彼女の現在的立場そのものをひっくりかえさなければならなかったからだ。私は、それはできなかった。また、私の反省を提起すれば、それと同時に、彼女には、「北井といっしょでならやる、と答えたら、すぐに私に電話して、こう答えたからうまくやってね、と言って、連携をとらないと駄目だよ」というように、彼女はどうすべきなのか、ということの自覚をうながさなければならないからである。だが、このようなことを論議する彼女と私のつながりはもはや断たれている、と私は感じないわけにはいかなかった。

こうなったことをくやしく思えば思うほどに、私は自分の非力さを感じた。

最後に、「じゃあ、元気でね」「じゃあ、元気でね」と声をかけた。

……

だが、いま書いたのでは、うみだされた現実の確認でしかない。これではむなしい。

彼女は、この職場をやめる、という自分の意志を私につたえなかった。これは、自分に迫りくる現実を変えるという気力そのものを彼女が喪失したことにもとづく。

彼女が背負わされた重荷からするならば、この職場では、自分はもう限界だ、と感じることは当然だ、ともいいうる。この職場ではもう無理だ、別の職場にかわろう、と考えることもそうだ。このときに、彼女は、別の職場に行ってもそこでやっていくために私と論議していく、と決意しなかった。これは、なぜなのか。

彼女の私への信頼は、ここでつきたのである。これはなぜなのか。

彼女は私を信頼していた。だが、彼女の私への信頼は、職場で私といっしょにたたかう、という信頼ではあったが、私と論議することをとおして自己を変革したという実感をもつ、そういう私への信頼ではなかったのだ、と私はいま自覚した。この人に自分は変革された、この人と論議することをとおして私はこの私自身を変革した、自分の直面する現実を切り拓くために、その主体となるために、この人と論議して自分を見つめ自分を変革し高めていくのだ、という・私への信頼を、私は彼女のうちにつくりだしえていなかったのだ、と私は気づいた。こういうものを、私は彼女の内につくりだすことができなかったのである。これは、私が彼女の内面にふみこむことが弱かった、いやできなかったことにもとづく、と私はいま自覚した。その決定的瞬間は、彼女が「あの人、全部しゃべったんだわ」と言いだしたときの論議であった。この論議での彼女へのくいこみで、私は破綻したのだ、と私は思い知った。

9　エピローグ

契約更新の年の一月には、早々と、施設がこの会社との業務委託契約を解除することが明らかとなった。この会社がもう一つ契約していた老人ホームも、軌を一にして、契約を更新しないことがわかった。この会社は、利益を得るための現場が最終的に何もなくなり、倒産することが約束された。こうして、われわれ労働者は、三月いっぱいをもって、その全員が解雇されることとなった。

社長は、「新しく入る会社がみんなを面接してくれるように、施設にお願いしたから」と、作り笑いをしながら、とりつくろった。

厨房に指示をだすのが任務の、施設の管理栄養士は、「今度入る会社は、賃金面もしっかりしていますからね。みなさん、面接を受けてください」と、それぞれに声をかけた。

厨房で働いていた全員が新しく入る会社に採用を要請し履歴書をだした。二月に面接があった。条件が合えば採用する、ということであった。

正社員を要求した怒鳴りさんは、不採用であった。いろいろ準備にきていた当該会社の女性マネージャーは、あらかじめ、彼に、「三月いっぱいは頑張って働いてね」と声をかけていた。厚生年金や健康保険の加入の条件を満たすだけの長い時間の勤務を要求した若手さんも不採用となった。

この時点では一歳年齢を増していた七一歳と七〇歳のおばさんは採用されなかった。

栄養士の資格をもつその職務の遂行者は、新採で入った人はやめて、またそのあとの人もやめて、さらに新しい女性になっていたが、この人は契約社員（フルタイム・固定給形態）として採用された。新しく厨房に入ることとなった会社は、施設側との連携をうまくとるために、この人がどうしても必要だったようだ。

ブツブツさんは、調理・盛り付け・洗浄・清掃の仕事をやるフルタイムのパート（時給形態）労働者として採用された。おしゃべりおばさんと私とそして食材の発注などの仕事をしていた新しい女性は、盛り付け・洗浄・清掃の仕事をやる五時間勤務のパート（時給形態）労働者として採用された。私は、マネージャーから、「本社にお願いして、定年を六五歳から六七歳に延ばしてもらったからね」、と恩着せがましく言われた。パートの時給はおしなべて七五〇円であった。

いろいろな人が採用され、そしていろいろな人がやめていったが、この時点では、この厨房で働いていた労働者は、この九人で全員であるというまでに減っていた。

新たな労働者が、異動や新しく採用されて、ここにくるであろう。

労働者としての団結をかちとるために、ひきつづいてここで働く労働者たちにも、新たにここにくる労働者たちにも、働きかけていこう、と私は決意を新たにした。

二〇二一年一〇月一日

「庫コミュニティ論」批判——書評 稲上毅著『労使関係の社会学』——

習志野実

稲上毅著『労使関係の社会学』(東大出版会)の第四章「職場共同体と仕事の規制」を、私は興味ぶかく読んだ。そこでは、動力車労働組合の独自性が「庫(くら)コミュニティ」というかたちで分析されていたからである。稲上はこの本の表題がしめしているように社会学者である。彼は、動労本部が動労組合員の労働意識調査を学者グループに委託したさいに、その調査に参加した若手の学者であった。その調査結果を素材として、彼はそれに社会学的な分析をくわえているわけである。たとえ社会学的な分析であろうとも、動労組合員の生の声を素材としているという点において、そして、その生の声に真正面にむかっているという点において、この分析はいきいきとしているわけなのである。しかもマル生(生産性向上運動)粉砕闘争以後の職場の現実をリアルに明らかにしている。この意味において、それを読むわれわれには、マル生粉砕闘争の勝利をつうじて動労(そして国労)がかちとったものは何であったのかということを浮きぼりにしてくれるのである。

国鉄の赤字があらわとなっているこんにちにおいて、政府・ブルジョアジーや民社党議員やまた悪辣なジャーナリズムなどは、口をそろえて動労や国労をののしっている。国鉄赤字の原因は階級闘争路線をとる国鉄の労働組合にあるとか、悪慣行・ヤミ協定・ポカ休が悪の根源であるとか、というように。あるいはまた、問題は職場が〝組合管理〟〝人民管理〟のもとにおかれていることにあるとか、マル生後遺症だとか、というように。だが、このような非難や悪罵は、国鉄の業務量の減少のゆえに不可避的にうみだされている・一労働日における労働の継続時間の短縮を、にもかかわらず労働者がなまけているかのようにいくるめているものではないのか。そうすることによって、国鉄労働者がマル生粉砕闘争の勝利をつうじてかちとってきたいっさいの既得権を剥奪しようとしているのではないのか。

まさにこのような問題意識からこの本を読むならば、支配階級および国鉄当局が階級的憎悪をもってみているところの・労働組合の力とその根拠を、われわれはつかみとることができるのである。

実際、著者稲上の問題意識は次の点にある。「動労という組合が発揮してきたその強靱な戦闘性が一体どこに由来するのか、この点を探ってみたい」「ソトにむかう強い戦闘性はウチにむかう堅牢な結束力に支えられているにちがいない」、と。この問題意識のもとに「動労職場には「庫コミュニティ」とでも呼べる職場共同体の存在をみとめることができる」、という。

「庫コミュニティ」の諸特性

さて、このような観点において稲上は次のように分析する。

この「庫コミュニティ」は、まず第一には「現地現職主義」にささえられているという。現地現職主義とは、動労組合員の職場である機関区の所在地と出身地（県単位）とがほぼ一致するということ、および同一職種で終生つとめあげる傾向か強いということをさす。

第二には∧奴らと俺たち∨という境界線がはっきりしているということである。このようにはっきりしたのはマル生粉砕闘争後のことである。そして∧奴ら∨にはふたつの部分かあり、ひとつは区長と助役層であり、もうひとつは競争組合（国労・鉄労・全動労）である。

第三には、ソトにむかっては違和感・敵対感情をもつのにたいして、ウチにおいては「共同感情」が存在しているということである。まずもって動労組合員の昇進意欲がめだって低く昇進競争が微弱であるということである。そしてまた庫の各種のサークル活動が当局者や他組合のメンバーを排除しておこなわれているということ、そうすることによって動労に独自的な社会関係がつくりだされているということである。

ところで、次に動労の職場における組合組織と労使関係の独自性としては次のことがあげられる。第一に職場には組合の支部と同時に職種別分科会が存在すること。第二に庫レベルでの当局との「交渉」にかんしては、①組合支部（あるいは分科会）と区当局との職場「交渉」――フォーマルには庫レベルには交渉権はみとめられていないが――、②現場協議会――マル生闘争時に公労委の調停を契機に主として国労の主張によって一九七一年に設けられた制度――、③労働安全衛生委員会などのかたちでおこなわれること。第三に仕事や賃金などにかんして問題性を感じた場合には組合員は管理職にたいしてではなく組合役員に訴えることが圧倒的に多い。これらのことからして「機関区労使の力関係は、現在のところ組合優位と判断できる」と結論する。

次に、では組合はどのように仕事の規制をやっているのかということが問題とされる。

まず第一に昇格の規制について。賃金にかんして「職名・職群別定数制度」というものがつくられているのであるが、組合の側からのそれの運用規制である。なお職名とは職務のことであって職種の下位単位である。職群とは各職名にそれぞれ対応した基本給の賃率レンジのことである。○等級△号棒というときの等級に相当する。そして昇格とは職群のあがることである。ところで問題は、それぞれの職群には各職名ごとに一定の枠がもうけられている（定数制度）ことにある。このままでは当局は昇格をめぐる組合員の競争をあおることになる。そこで組合はその定数を多くする交渉をおこなうと同時に、それだけではなく昇格の先任順位づけを組合じしんでやってしまうのである。各人の①年齢②勤続年数③現職（職名）経過年数などを基準としてその先任順位を決定し、そうすることによって当局がその人の勤務成績の査定などをおこなうことによって決定する余地をなくしてしまうということである。――マル生粉砕闘争の勝利以降、このルールが慣行となったのである。（これは「悪慣行」ではまったくない。労働者がかちとったところのものなのである。）

第二には転勤・転職・昇職にさいしても右の先任順位づけが規制として働くことになる。とりわけ昇職が問題となる。昇職というのは、助士から士職あるいは検査掛から検査長になることを意味するのであるが、この場合にも先のような先任順位づけを組合じしんがおこなうわけである。

第三には仕事そのものの規制の問題である。たとえば乗務員の場合には乗務キロ・時間の制限、乗務員数の基準、乗務割交番作制の勤務基準などが当局と組合とのあいだで協約・協定というかたちできめられるのであるが、具体的な乗務割交番作制にさいしては、当局案を直接的には各庫の乗務員分科会が検討して改編するのである。悪い仕業をあらいだして修正しかつ仕業を複数組みあわせて交番をつくりかえる

——その場合にどの交番をとってもほぼ労働条件および賃金が同じになるように——わけである。そうすることによって当局原案はガタガタになる。交番の差がほとんどなくなるのであるからして、交番をめぐる労働者間の競争はなくかる。と同時に、交番作制にかんする力量は乗務員分科会の方が職制よりもまさっていることがしめされるのである。

ほぼ以上のようなかたちで、動労組合（員）が「伝統的労働者」の範疇にあたるものとして分析されるわけである。

社会学的アプローチの欠陥

一見してわかるように、たしかにここでは動労の戦闘性の根拠をつかみとろうとしている。しかしそれを社会学者らしく社会学的にやっているわけである。すなわち動労の組合の団結の質そのものを問うのではなく、その団結を動労の職場の物質的諸条件に、したがってまた動労組合員の職能的特殊性に還元解消して理解しようとする傾向を色濃くもっているということである。「現地現職主義」の強調がそれである。そして同時に、〈奴らと俺たち〉〈ソトとウチ〉ということが分析する場合の方法となっていることそのものに、社会学的アプローチが刻印されている。たしかに、奴ら＝ソトにたいする敵対感情と俺たち＝ウチにおける共同感情が動労の団結力の強さの根拠であることをつきだし、そしてこのことをみる場合になにがウチにおける競争を規制しておりかつ共同感情をたかめているのかということを問うている。だがソトにたいする敵対感情およびウチにおける共同感情そのものの根拠——その可能根拠および組合員の現実の活動とイデオロギー――を問うてはいないのである。このことはまずもっては、奴らということで職制も競合組合もいっしょくたにあつかわれ、また競合組合ということで国労・鉄労・全動労それぞれの違いが無視されていることにあらわれている。それらのそれぞれにたいする動労組合員の「敵対感情」の質的な違いが無視されるか、あるいは程度の差としてのみあつかわれるか、しているのである。そのことは同時に、組合員のそれらへの直接的な意識が、動労の本部や地本や支部の中心的な実体の運動路線・イデオロギーとの関係においてとらえかえされていないことにもとづくのだ。さらにまた、ウチにおける共同感情ということが、組合員間の競争の規制――つまり昇格・昇職・現実の仕事のしかたにかんする組合の側からの規制にもとづくそれ――という側から基礎づけられているとはいえ、組合員の組合員としての意識はどのようにうちかためられ組合の団結はどのように創造されているのかということそのものは分析されていないのである。根本的には、組合員は利己的な競争する人間としてブルジョア・アトミズムの観点からながめられており、階級的存在であると同時に階級意識を即自的に獲得した労働者としてはあつかわれていないということである。したがってまた、現場協議会の問題や仕事の規制の問題が労働運動路線との関係において検討されていないのである。

とはいえ、「悪慣行」是正という名の攻撃に反撃していこうとしている現段階のわれわれの問題意識からするならば、注目すべきことは次の点にある。第一に区長や助役にたいする組合員の意識について、第二に職場交渉や現場協議について、第三に仕事の規制について、である。

管理職にたいする意識

まず第一の問題について。たしかに動労組合員は区長や助役にたいして強烈な「敵対感情」をもっている。だがそのことは＜奴ら＞との境界線の強さとして確認すればすむことではない。区長や助役こそがマル生分子を育成し、そうすることによって合理化および組合組織の破壊を画策してきた張本人であること、そして組合員がそのことにたいする階級的自覚をもっていることに、その「敵対感情」はもとづくのである。したがって、自分が助役になりたいために当局にいい顔をするなどということは階級的裏切り行為であるという自覚を組合員はもっているのである。それゆえに、助役などの管理職とみずからとを画然と区別するという現場労働者の意識はそれ自身階級意識の一形態にほかならない。まさに労働者が労働力商品としてのみずからを自覚した意識なのであって、外的なあるいは偶然的な意識なのではない。社会学者稲上にあっては、組合員の「敵対感情」の根拠が不明確なのである。

ところで、こんにちでは、そもそも区長や助役はいわゆるやる気をなくしているし、助役のなり手がいない。このことの歴史的根拠は、マル生粉砕闘争の勝利によってマル生助役はとばされてしまい、助役層はそれまでやってきたことの確信・自信・支柱をなくしてしまい「事なかれ主義」になってしまったということにある。つまり労働者が管理職の内的支柱をへしおったのだ。こんにちの助役層もそれらの部分をみならってきた人間たちである。しかも現場労働者がなれる最高の役職が助役なのであるが、かの「敵対感情」のゆえに運転職場からは助役になるものがいないという状況になっているわけである。このように助役などの管理職が力をなくしていることは、動労や国労の闘いの結果としてつくりだされてきた成果であると同時に、支配階級や当局としてはこんにちなんとしても打開しなければならない現実となっているのである。まさにそれゆえに、〝現場管理者よ、ふるいたて！　ヤミ協定を破棄せよ！〟というような宣伝が執拗になされているのだ。

現場交渉と現場協議

ところで、このような現場管理者にたいして組合（支部）がどのようにたたかっているのかにかかわる問題が第二の問題である。

本社―中央本部間および地方管理局―地本間においては「団体交渉」が「協約」によってみとめられているのであるが、庫レベルでは「団体交渉」はみとめられていない。そこで力の強い動労の支部では、組合の力をもとにして、労働条件の改善などにかんして区当局と直接的な交渉をおこなっているわけである。しかしその職場交渉と並行して、あるいはそれにかわって、現場協議をおこなっている支部も存在する。この現場協議は協約で規定されている。「現場協議に関する協約」によれば、「当該現場の労働条件に関する事項であって、当該現場でなければ解決しがたいもの及び当該現場で協議することが適当なものについて協議する」とされ、この現場協議で意見の一致をみたものは、内容に応じて口頭確認・議事録確認・覚書交換・協定締結をおこなうと定められているわけである。

さて、われわれにとっては、協約にもとづかないものであれ、もとづくものであれ、現場交渉や現場協議が組合によってどのように活用されているのかということが問題なのである。そのような制度がどうなっているのかを確認することが問題なのではない。組合はその協議において要員の転用の規制や種々の労働諸条件にかんする要求をおこなっているわけなのであって、現場交渉や現場協議を団体交渉の一形態として位置づけ実現しているといえるであろう。このいみにおいて、それは一個の闘争形態なのである。そしてそれはマル生粉砕闘争の勝利をとおしてかちとってきたものである。

ところが、支配階級の意を代弁するデマゴーグどもは「国鉄職場三悪である悪慣行・ヤミ協定・ポカ休とそれらを生む現場協議制」を攻撃し、次のように主張していろ。「団体交渉と労使の協議は、本質的にその性格が異なる。……本来、団交とは賃金交渉のように労使の主張が対立するテーマについて、討論、議論によって妥協点をみつけるものであり、現協は労使の間に本質的に意見の対立がなく、労使とも前向きに意見の交換をはかる場所である。お互いに裸になって、かみしもをぬいで話しあうことが大切であり、労使の「相互信頼」が大前提である。しかし、国労、動労には……現協の場を職場闘争の場と考える傾向が強い」（国鉄再建問題研究会『国鉄再建の道』日本リーダーズ協会――サンケイ系――、六五～六六頁）と。

ここでは、団交と労使協議とを峻別するという北欧型経営参加の考え方をつまみ喰い的にひっぱりだし、それを理由づけとしながら階級協調を説いているのである。なぜなら、西ドイツやスウェーデンなどの社会民主主義者は、一方では賃金問題などにかんしては労働組合が企業側と団体交渉をおこない、他方では企業経営の問題などにかんしては経営協議会――「平和条項」などによって争議権が剥奪されているところの労働者団体――が経営をいかにおこなうかという立場において企業側と労使協議をおこなうのだ、と考えかつ実行しているのだからである。またわがデマゴーグどもは、動労や国労の運動を、労資協議路線・

階級協調主義にひきずりこみ変質させるためにこそ、悪宣伝しているのである。もちろん、南欧型＝ユーロ・スターリニズム型の経営参加路線のように、賃金や労働諸条件の問題ばかりではなく、経営上の問題（設備投資の規模や地域などの問題など）にまで、団体交渉あるいは実質上の団体交渉としての現場協議でもって介入していくべきでもなければ、現場協議を「自主管理」などと位置づけて追求すべきなのでもない。そして、現に動労や国労はそのように追求しているわけでもない。

とにかく、戦闘的および革命的労働者たちは、このような宣伝を暴露し弾劾し、現場協議を職場闘争のひとつの闘争形態として位置づけたたかうべきであることを明らかにしていかなければならない。

まさに、このように現場交渉や現場協議をどのような労働運動路線のもとに位置づけたたかうのか、またたたかっているのかということが問われなければならないのである。

昇格・昇職・仕事の規制

ところで、さらに第三の問題について。

昇格・昇職・現実の仕事のしかたなどを組合が規制する――もちろん、北欧型であれ南欧型であれ経営参加という観点からいわゆる「仕事の規制」をおこなうのとは、動労のこの追求は異なるのであって、あくまでも労働諸条件の悪化を阻止しかつ組合組織の破壊をふせぐためにおこなっているのである――ということは、マル生運動の構造をみるならば、きわめて重要であることがわかる。マル生分子は職員としては生産性向上にはげむと同時に組合員としては組合組織の破壊のために活動したのであるが、その場合に彼らは当局の差別的な昇格・昇職によって利益誘導されていたわけである。この差別的な昇格・昇職をぶちこわし規制することによって、組合はマル生分子がうみだされる物質的基礎をたちきったということができる。それゆえに、かつてマル生運動を推進した当局者などは、昇格・昇職にさいして勤務成績がまったく考慮されなくなったために、職員は勤務意欲をなくした（マル生分子をつくりだしえなくなったということを意味しているにすぎないのだが）というようになげき、その打開をはかろうとしているわけなのである。

だがしかし、いやまさにそうであるがゆえに、昇格・昇職・現実の仕事のしかたを組合が規制しているというこんにちの現実をそれ自体としてあげつらい、さらにそのことを動労の戦闘性の根拠と考えるならば、結果と原因を逆にとらえていることになる。なぜなら、マル生運動が組織されはじめた当時（それ以前を含む）の差別的な昇格・昇職をば、まさに組合の団結力をもってぶちこわすことによって、こんにちの事態をつくりだしたのだからである。しかもまた、その当時国鉄労働者たちは、差別的な昇格・昇職をぶちこわすために（それを目的として）たたかったわけではない。当局の差別的な昇格・昇職によって利益誘導され育成されたマル生分子、彼らを実体とするマル生運動そのもの、つまり合理化＝組合組織破壊攻撃そのものを粉砕するために、わが国鉄労働者たちはたたかったのである。そして、そのマル生粉砕闘争の勝利の結果として、昇格・昇職・現実の仕事のしかたを組合が規制することが可能となっているのである。だから、動労の戦闘性は、マル生粉砕闘争をたたかいえたその質、つまりその労働運動路線、したがってそのイデオロギー的根拠および組合組織の強さそのものに、もとめられなければならないのだ。

こんにち、先にあげたサンケイ系のデマゴーグどもは、こんにちの国鉄の状況を「マル生後遺症」というようにとらえ、その打開をさけんでいる。そして、かつてのマル生運動そのものにかんしては、生産性向上という良き意図で出発したのであるが、途中で不当労働行為などの不純なものがはいってきたのでまずかった、当初の良き意図はこんにちでもうけつぐべきなんだ、というように総括している。ことなかれ主義におちいっている現場管理者を、生産性向上にむけてふるいたたせなければならない、というわけだ。だが、生産性の向上ということそれ自体が、労働者の労働強度の非合理的強化の、したがって剰余労働のよりいっそうの搾取の結果ではないか。いままた始まっている生産性向上への煽動を、国鉄労働者たちは許してはならないのだ。支配階級および当局は、差別的な昇格・昇職という利益誘導によってマル生分子を育成したくてたまらないにちがいない。彼らにとっては昇格・昇職・現実の仕事のしかたへの組合の規制は桎梏なのである。

いまこそ、国鉄労働運動の歴史的教訓がうちかためられ、現実の闘いに創造的に貫徹されなければならない。

（『国鉄の危機とは何か』国鉄合理化問題研究会発行、こぶし書房発売、一九八二年、所収）

運輸業の経済学

習志野実

一　運輸業――その本質論と現実論

A　運輸業にかんする種々のアプローチ

運輸業について、こんにちでは種々の角度から論じられている。なぜなら、国家独占資本主義のもとで非常に発達した運輸交通部門を、どのように経済学的に明らかにしていくのか、ということが、これまでも大きな課題であったし、こんにちにおいても焦眉の課題となっているからである。もちろんマルクス経済学の観点からばかりではなく、近代経済学の観点からも論じられている。しかし、たとえ近代経済学をおのれの立脚点にしている論者であったとしても、運輸交通部門について解明する場合には、マルクスの『資本論』第二部第一章や第六章において展開されている運輸業にかんする規定をどのように理解するのかということが、さけてとおることのできない問題となっている。マルクス経済学をおのれの立脚点としつつ近代経済学の内容をもとりいれていこうとしている学者の場合には、なおさらそのことが問題となっている。したがって、ここでは彼らがマルクスの諸規定をどのように理解し解釈しているのかいう点に焦点をあてつつ、運輸業にかんする種々のアプローチをみていくことにする。

まず第一には「物流問題」という角度からのアプローチ、第二には「交通経済論」という角度からのアプローチ、第三には「サーヴィス部門は非生産部門であり、サーヴィスは価値をうまない」という観点からのマルクスの諸規定の解釈、第四には資本のもとにある「サーヴィス生産労働は直接に価値を生産する労働である」という観点からのマルクスの諸規定の解釈、などが検討されなければならない。

第一の「物流問題」という角度からのアプローチとは、次のようなものである。「物流」または「物的流通」という用語は、一九二四年に、アメリカのマーケティング学者であるクラークが使った〝Physical Distribution〟という用語の訳語である。だから、それはもともとはマルクス経済学の用語ではないわけである。ところで、こんにちではこの「物流」または「物的流通」ということにかんして、たとえば、次のような主張がなされている。すなわち、

「流通過程を商的流通過程と物的流通過程とに分け、この両者を表裏一体のものとして経済的に同一性格のもの」ととらえ「いずれも商品の価値実現過程であると把握」するのは誤謬である。なぜなら「物的流通過程は、単なる商品形態から貨幣形態への転換の過程ではなく、追加的生産過程」であって、そこで造り出される生産物は」「時間的・空間的移転という「用役」であり、非物質的無形材である」からである。「生産過程としての物的流通過程で造り出される「用役」は、通常の商品の場合と同じように経済活動の各過程で消費される。すなわち、一般的な商品生産のための原材料等の調達過程

において、また工場内、工場間の一般的商品の生産過程そのものにおいても、その商品を販売する流通過程においても、さらに家庭等の消費生活面でも、またさらには消費の残滓を自然に還す廃棄過程においても消費される」、と（谷本谷一『現代日本の物流問題』新評論、一九八〇年発行、一二～一三頁）。ここでは、運輸業について「物流問題」という角度からアプローチしていることからして当然にも、人の輸送の問題はとりあつかわれていない。「物」の輸送の問題に対象領域があらかじめ限定されているわけである。

ところで、このアプローチの内容上の特徴としては次のことがらをあげることができる。すなわち、「物的流通過程」を「商的流通過程」から区別し切断し解放することを踏み台として、「生産過程としての物的流通過程」なるものを想定し、そうすることによって、この「生産過程としての物的流通過程」の諸契機として、原材料の輸送・工場内や工場間における半製品の輸送・生産された商品の輸送・消費者の手にわたった消費財の輸送・消費の残滓の輸送などをとらえている、ということである。このような主張の問題性は、たとえば「一般的商品生産のための原材料等の調達過程」つまり原材料の輸送という問題ひとつをとりあげただけでも、たちどころに明らかになる。

ここで、B企業にとっては原材料となるものをA企業が生産していると想定しよう。そうすると、この「原材料」とはA企業にとってはみずからがつくりだした生産物なのであって、A企業がみずからつくりだした商品を輸送業者にB企業の工場へ運ばせたうえで販売するのか、それともB企業がA企業からみずからにとっては原材料となるものを買ったうえでそれを輸送業者に運ばせるのかということが問題となる。（もちろん、A企業がみずからの自家用車でB企業まで運ぶ場合もあれば、B企業がみずからの自家用車で

A企業にとりにいく場合もある。）前者の場合には、商品を販売するための輸送という問題に帰着する。ところが後者の場合には商品の輸送ではなくみずからの生産に必要な生産諸要素の輸送という問題になる。この後者は、B企業が所有する工場間における半製品の輸送の問題と同様の経済的意義をもつことになる。

ところが、この主張においては、このような経済学的に検討されなければならない諸問題が等閑に付されている。つまり「生産過程としての物的流通過程」なるものを自立的に想定することによって、経済学的に明らかにしなければならない問題を、にもかかわらず検討しなくてもいいようにしてしまっているということなのである。このことは次のことにもとづく。「生産過程としての物的流通過程」という理論的表現において、実際には国家独占資本主義のもとで発達している輸送業者（輸送部門の独占体）という実在的なものを想定しているのであって、輸送業者の立場にたつかぎり、運ぶ物が販売するための商品であろうとすでに購買されたものであろうとみずからには関係がないからである。輸送業者はみずからが運ぶ物の物理的性質には関心をもつけれども、それの経済学的な諸規定には関心をもたないからである。すなわち、「物流問題」というアプローチは、国家独占資本主義のもとにおける輸送業がかかえている諸問題を、輸送業者の立場にたって明らかにしようとしているものにすぎないのだ、ということができるわけなのだ。

ところで、第二の「交通経済論」という角度からのアプローチも、こんにちの国家独占資本主義のもとで発達した運輸交通部門をどのように理論的に解明するのか、という点に問題意識があるということにおいては、第一の「物流問題」という角度からのアプローチと同様である。けれども「交通経済論」という名称それ自身にしめされているように、〝物〟の輸送ばかりではなく〝人間〟の輸送をも分析の対象としているわけなのである。したがって、考察しなければならない「交通」は次のようなことがらを含むとされるわけである。

①交通は商品流通の一側面をなす。商品の流通過程は、商品の空間的移動つまり貨物輸送を含んでいる。

②交通は直接的に生産過程の一部を構成する。工場内あるいは工場間の貨物移動などがそれである。

③交通は労働力の再生産過程つまり労働者の生活の一部を構成する。生活交通・通学交通・観光交通などがそれである。

④交通は労働力の再生産の場と商品生産の場をつなぐ。通勤交通や業務交通などがそれである。

（村尾質『現代の交通経済』有斐閣選書、第五章）

このアプローチにおいても、第一のアプローチと同様の方法がとられている。すなわち「商品流通の一側面をなす」「商品の空間的移動」を、「交通」に含まれる第一の類型としてあげつつも、同時に、それからはみだす諸類型をそれに追加していくという方法がとられているということである。このような方法がとられるのは、そもそもマルクスが『資本論』第二部第六章第三節「運輸費」の部分において「商品姿態変換の内部」における「生産物の空間変換」をしか論じていないことにもとづく。だから、マルクスが論じてはいないところの、ひとつの企業に属する諸工場間の貨物輸送などの問題のとりあつかいにこまってしまい、この問題をそれとして列挙する以外になくなってしまうわけなのだ。したがってまた、〝人間〟の輸送にかんしてもふたつの類型に分類し列挙するというように、苦労のあとをみせないわけにはいかなくなるのだ。

さて、第三および第四のアプローチは、こんにちの国家独占資本主義のもとにおける運輸業を理論的に分析することを直接の課題とするのではなく、それをおこなうための理論的基礎にかかわることがらとして、マルクスが『資本論』において展開している運輸業にかんする諸規定をどのように解釈すべきなのか、ということを明らかにしようとするものである。この場合に、資本制生産における生産的労働をどのように規定するのか、したがってまたサーヴィス労働をどのようにとらえるのか、ということが問題となってくる。なぜなら、運輸労働は〝物〟あるいは〝人間〟の空間的移動をおこなうという「用役」または「サーヴィス」を生産する労働なのだからである。もちろん、この運輸サーヴィスは商業労働あるいは商業サーヴィスとは経済学上の意義が明確に異なることはいうまでもない。

ここにおいて、「サーヴィス部門は非生産部門であり、サーヴィスは価値をうまない」という観点からするところのアプローチ（第三のアプローチ）と、資本のもとにある「サーヴィス生産労働は直接に価値を生産する労働である」という観点からのアプローチ（第四のアプローチ）との対立がうみだされるわけである。もちろん、商品である生産物の輸送にかんしては、『資本論』の第二部第六章第三節においてのべられており、しかも、この運輸労働は価値を追加する、だから同時に剰余価値を生産するというように展開されていることからして、解釈の余地は非常にせばめられたものとなっている。問題は「人間の輸送」にかんしてである。「人間の輸送」については、先の第三節においてはまったくふれられていないにもかかわらず、『資本論』第二部第一章第四節および『剰余価値学説史』の第七章に後続する「補録」一二（k）において少しのべられているわけである。ここにおいて「人間の輸送」にかんする解釈をめぐる対立が発生する。

前者の、つまり第三のアプローチの場合には、次のように主張される。すなわち、

「古典的叙述における「人間輸送」の価値形成的＝生産的性格の分析にあたって、マルクスが前提的

に念頭においたのは、社会的生産の総過程に必要なかぎりでの「商品および人間の運輸」が「産業部門」として自立したばあいの「人間の運輸」であって、そこではマルクスは、もともと社会的生産の総過程との内的関連をもたない観光旅客の輸送などの「人間の運輸」をまったくとりあつかっていないことはあきらかである」、と（金子ハルオ『生産的労働と国民所得』日本評論社、一九六六年発行、二一三～二一四頁――赤堀邦雄『価値論と生産的労働』三一書房、一九七一年発行、二一三頁から重引）。

これにたいしては、後者の、つまり第四のアプローチを主張する赤堀邦雄は、次のように批判する。

「観光旅客輸送は物の生産と内的関連がないので総過程の範囲外となり、価値不生産的だというのである。私に奇抜と思われるのは、たとえば観光バスの旅客輸送を社会的生産の総過程外のことだとする着想であって、それ自体すでに現実から外れており、大まちがいである」、と（赤堀前掲書、二一三頁）。そして、いう。「運輸サーヴィスの生産は、貨物輸送に用いられる場合には生産物の追加的生産過程（生産過程の工場外での継続）とみなされなければならないこと。したがって、貨物輸送サーヴィスの生産は〔保管費とは異なって〕「空費」には属さないこと」「運輸サーヴィスの生産が人の輸送に用いられる場合には、そのサーヴィスは個人的に消費される消費財商品と同等であり」「このサーヴィスの売り手と買い手の関係は、たんなる商品の売買関係であって資本による労働力の購入とは異なる関係であること。人の輸送も社会的生産の「空費」ではないこと」。（同、一九三頁）

これらの四つのアプローチの欠陥をつきだし、運輸業にかんする諸規定を明らかにしていくためには、まずもって次のことがらを検討しなければならない。第一には、「人間の輸送」をどのようにとらえるべきかということであり、第二には、これらの四つのアプローチに共通につらぬかれている方法論上の誤謬はどこにあるのかということである。

B 「人間の輸送」の問題について

まず第一の「人間の輸送」の問題について。

第二のアプローチにおける「人間の輸送」の二類型への分類と、第三のアプローチにおける「人間の輸送」の規定とには同一の考え方がつらぬかれているといえる。これらに対立するのが、第四のアプローチである。問題は「人間の輸送」が「通勤輸送」（さしあたり、労働者のそれに限定する）と「観光旅客輸送」とに分類されなければならないのか、また分類されるとするならばその理論的根拠はどこにあるのか、ということに帰着する。たしかに、「通勤輸送」とは労働者が生産の現場である工場にいくことをさすのであるからして、「社会的生産」に不可欠なものである。このことにまちがいはない。だが、このことは「通勤輸送」の実在的なイメージをうかべたということにすぎず、「通勤輸送」の経済学的な規定ではまったくない。労働者の「通勤輸送」といえども、労働者がみずからの収入である賃金の一部（または雇用主たる資本家から支給された交通費）を支出して輸送サーヴィスを買うということにほかならず、労働者がみずからの空腹をいやすためにコメやパンを買うこととまったくかわりがない。この意味においては、労働者が観光のために輸送サーヴィスを買おうとも、また資本家や小ブルジョアが観光のために輸送サーヴィスを買おうとも、これらは「通勤輸送」となんら異なるところはないのである。だから、このかぎりにおいては赤堀の主張の方が正しいのだ。

赤堀が依拠しているところの『剰余価値学説史』において、マルクスは次のようにいっている。

「採取産業、農業および製造業のほかに、なお第四の物質的生産部面が存在し、この部面もまた、手工業経営、マニュファクチュア経営および機械的経営といういろいろな段階を通過する。この部面というのは運輸業であり、人間を輸送するか商品を輸送するかを問わない。資本にたいする生産的労働すなわち賃労働者の関係は、ここでも、物質的生産の他の諸部面におけるとまったく同じである。ここではさらに労働対象に物質的変化――空問的、場所的変化――がひき起こされる。人間の輸送に関しては、この変化は、企業家によってその人問に提供されるサーヴィスとしてのみ現われる。しかし、このサーヴィスの買い手と売り手との関係は、糸の売り手と買い手との関係と同じように、資本にたいする生産的労働者の関係とはなんのかかわりもない。」（国民文庫版、第三分冊、二〇三頁）

ここで、マルクスが「資本にたいする生産的労働者の関係とはなんのかかわりもない」といっていることを、赤堀は「資本家が剰余価値生産のために労働力を買うのとは全然別の関係である」といいかえている。だが、このいいかえは正しいのであろうか。輸送サーヴィスという商品を売る運輸企業家とそれを買う人間との関係は、運輸企業家と彼に雇われている運輸労働者との関係とは異なる、ということを、マルクスはのべているわけである。たしかに赤堀もこのように理解している。だが、この後者を「資本家が労働力を買う関係」と言いかえるならば、完全に誤謬に転化する。運輸労働者が直接に輸送サーヴィスを売ったり（個人タクシーの運転手のように）、運輸労働者が資産家の収入によって直接に雇われたり（おかかえ運転手のように）するのではなく、運輸労働者が自己の労働力を運輸資本家に販売し、そうすることによって彼の労働が運輸資本家のために剰余価値を生産するようになる、つまり、生産的労働となる、ということ――このことと、「資本家が労働力を買う関係」とは、明らかに異なる。なぜなら、前者は「生産的労働」という、資本のもとに包摂された労働の、つまり直接的生産過程における労働（延長された生産過程における労働などもそれに準じて論じることができる）のうけとる規定性の問題であるのにたいして、後者は直接的生産過程の絶対的基礎としての労働市場における、労働力商品の売買の問題なのだからである。前提としての労働市場においては、資本家は貨幣所有者として、賃労働者は商品所有者としてそれぞれたちあらわれるのであって、そこでは自由・平等の原則が支配し、等価物同士の交換がおこなわれるのである。このように労働力商品の売り手と買い手との関係は、糸の売り手と買い手との関係と同じなのであり、したがってまた輸送サーヴィスの売り手と買い手との関係ともかわるところはないのだ。もちろん、労働市場における自由・平等の関係がじつは貨幣関係によって隠蔽された階級関係にほかならないことが、直接的生産過程における剰余労働の搾取をつうじて暴露されるのであるが。とにかく、マルクスが区別し対比しているのは、輸送サーヴィスや糸などの商品の交換関係と賃労働と資本との関係つまり資本関係なのである。このことを赤堀がつかみとることができないのは、彼が商品＝労働市場と直接的生産過程の弁証法的構造を把握していないからである。

もちろん、労働市場における労働力商品の売買そのものと「通勤輸送」とはなんのかかわりもないことはいうまでもない。つまり「通勤輸送」は労働力商品の販売のために不可欠な労働力商品の空間的移動である、というわけではないということである。労働力商品の売買は資本家と労働者との売買契約においてすでに成立しているのであって、労働者は日々自己の労働力を商品として消費地に売りに行くというわけではないということである。たしかに、労働市場においては労働力商品の使用価値がその買い手に形式的に譲渡されるだけであって、その現実的引き渡しは直接的生産過程におけるその使用価値の現実的消費においてなしとげられるわけである。とはいえ、「通勤輸送」においては、労働力商品が空間的に移動するのではなく、労働力の担い手である労働者の身体そのものが物理的に移動するのであって、そのための輸送サーヴィスを労働者がみずからの収入を支出することによって買うのである。だから、「通勤」もまた「労働者の生活の一部を構成」しているのであって、「通勤」のための輸送サーヴィスに必要な費用は労働力の再生産費の一部を構成するわけなのである。

したがって、「通勤輸送」サーヴィスの購入にしても、「観光輸送」サーヴィスの購入にしても、マルクスが次のようにいうことと区別されるところはない。

「労働者自身も労働を買うことができる。すなわち、サーヴィスの形態で提供される諸商品を買うことができるのであって、こうしたサーヴィスへの彼の賃金の支出は、他のなんらかの商品への彼の賃金の支出とまったく区別されるところはない。彼が買うサーヴィス、たとえば、医師または牧師のサーヴィスは、彼が買うことのできるパンまたは火酒とまったく同じように、多かれ少なかれ必要であろう。」（『剰余価値学説史』国民文庫版、第三分冊、一九〇頁）

またこの意味においては、引越し荷物を送るとか、旅行先で買った品物を自宅に送るとか、おくり物を発送するとか、というように、輸送サーヴィスを個人的に消費する場合には〝物〟の輸送であったとしても、「人間の輸送」のために輸送サーヴィスを購入する場合とまったくかかわりはない。

ところで、ここにおいて、サーヴィス労働したがってまた生産的労働にかんする諸規定が問題となる。赤堀が第三のアプローチを否定したところの基礎になっている把握が検討されなければならないということである。赤堀はいう。

「現代のマルクス経済学者たちは、価値の実体を「物に対象化された労働」あるいは「物体に宿された労働」と、かならず物化した労働の形態でしかとらえることができないので、物的商品の形態で剰余価値を生産する賃労働のみが生産的労働であるとする。彼らは、物を生産するのでない労働は、たとい資本のもとで賃労働としておこなわれたとしても、サーヴィスを生産するだけで、価値も剰余価値も生産しないと考えるのである。しかし、マルクスは資本のために直接、剰余価値を生産する労働が生産的労働である、と説明しながら、同時に、その労働が、物を生産しているかどうかということには、いっさい無関係であると厳重にことわっているのである。」（赤堀、前掲書、一六〜一七頁）

そして赤堀は生産的労働の「本源的規定」と「資本主義的形態規定」との区別を強調したうえでいう。

「サーヴィス商品を生産する労働は、本源的規定においては生産的労働ではないが、形態規定においては生産的労働でありうる」（一二二頁）「資本家的企業のもとで、サーヴィスが商品として生産されるときには、その商品としてのサーヴィス労働は、価値をもつばかりでなく剰余価値をも含有する」（一四七頁）。

たしかにマルクスは次のように規定している。

「資本〔としての諸商品〕を生産する労働だけが生産的労働なのである」（『剰余価値学説史』国民文庫版、第一分冊、一七頁）。「ただ直接に剰余価値を生産する労働だけが生産的であり、直接に剰余価値を生産する労働能力行使者だけが生産的労働者である」（『直接的生産過程の諸結果』国民文庫版、一〇九頁）。

これにたいして、不生産的労働は、「資本とではなくて、直接に収入と、つまり・賃金または利潤と交換される労働である」（『剰余価値学説史』一八頁）。

俳優・音楽家・娼婦・料理人・著述家・教師・修理専門の裁縫女などの労働が直接に収入と交換されるかぎりでは、それは不生産的である。しかし、彼らがそれぞれ劇場・音楽会・娼家・ホテル・出版社・学校・工場などの企業者に雇われ、価値増殖活動をおこなうかぎりでは、彼らの労働は生産的である。このようにマルクスはいう。

このようなマルクスの見解を基準とするかぎり、それゆえに赤堀の見解は正しい。つまり、生産的労働および不生産的労働にかんする概念規定としては正しいということである。

C　方法論上の問題について

だが、ここにおいて第二の問題つまり運輸業にかんして論じる場合の方法論上の問題が問題となる。まず次のことがいいうる。すなわち、『資本論』そのものにおいては、教師についてひとことふれられているだけで、俳優・音楽家・娼婦・料理人・著述家・修理専門の裁縫女などの労働についてはまったく論じられていない、ということである。このことは何を意味するのか。『剰余価値学説史』においては、アダム・スミスなどの古典派経済学者の「生産的労働」論の批判を展開しているのであるからして、スミスなどが例としてひきあいにだしている職業のひとびとの労働についてマルクスもまた論じるのは当然のことなのである。ところが『資本論』そのものは資本制生産の本質論的解明なのであるからして、サーヴィス労働については捨象されているわけなのである。

このことについて赤堀は次のようにいう。

「マルクスは経済学を説明するにあたって、当面の対象は物質的生産の領域であるとことわっていること、だから非物質的生産の領域は『資本論』や『学説史』のなかで、それほど多くとりあつかわれていないのである。それはマルクスの時代には非物質的生産の領域が、資本主義的生産にまきこまれる度合いが、まだわずかだったからであるが、現代の経済ではそうはいかない。」（一一九頁）

明らかにこれは、歴史主義的な説明でしかない。マルクスがなにゆえに「物質的生産の領域」をしかとりあつかわなかったのかということの根拠を、したがって『資本論』を書いたマルクスの主体的構造を、検討することが完全に欠如しているのである。いいかえるならば、『資本論』は十九世紀中葉のイギリス産業資本主義を物質的基礎としてマルクスが資本制生産の本質的構造を解明したものであるがゆえに、われわれはこの場所的現在において『資本論』を資本制生産の普遍本質論としてとらえかえし、こんにちの資本主義の具体的分析に適用していかなければならないのだ、ということがおさえられていない、ということなのだ。

したがってまた他面では、次のような珍奇な解釈も開陳されることになるのである。

「人間の労働の実質的性格についての実質規定では、労働によって、使用価値たる物が生産されるかどうかが、その労働の生産的労働であるか不生産的労働であるかをきめるきめ手である。労働の生産力が発達し、使用価値物を生産する具体的労働過程が分化し協業化されると、直接に手を下して物の生産にあたるのでない指揮監督労働や計画設計労働のような種類の労働にまで、実質規定上の生産的労働の領域がひろがるが、事柄の本質は変わらない」（一二三頁）。

ここにおいては、疎外された労働と疎外されざる労働との区別がまったくない。ここでは〝物〟を生産するのか〝サーヴィス〟を生産するのかということが、いっさいの基準にされている。これでは生産的労働の「実質規定」＝「本源的規定」がなにゆえに理論的に必要となるのかがさっぱりわからない。先の基準であるかぎり、常識の範囲に属するからである。肝要なのは、賃労働者の疎外された労働の分析をつうじて、疎外されざる労働つまり労働の本質形態をつかみとり、この労働の本質形態の資本制的に疎外された形態として賃労働者の労働をとらえかえすことである。生産的労働の本質的概念は、労働の本質形態の規定にほかならないからである。有用な生産物をつくりだす労働が生産的労働であるという規定は、疎外されざる労働の規定なのである。そして、このような規定がおこなわれるのは、疎外されざる共同体においては俳優・音楽家・娼婦・料理人・著述家・教師・修理専門の裁縫女などが実存していないからである。つまり、ある特定の労働がサーヴィス労働などとして固定化されることがないからである。根本的には肉体労働と精神労働とへの労働の分割がおこなわれていないからである。このようなことがらを赤堀はまったく検討していないのだ。

ところで、人間と自然との質料変換の過程をなす社会史的過程、その歴史的に独自な一疎外形態である資本制生産の本質論的解明においては、当然にもサーヴィス労働の問題は捨象される。というのは、それ自身で自律的におこなわれる経済過程の分析が、資本制経済本質論の課題なのだからである。そして、サーヴィス労働の問題は段階論および現状分析のレベルにおいて解明されなければならないのである。（もちろん、生産的労働と不生産的労働とが概念的に区別されなければならないこと、および、後者の例としてはサーヴィス労働があげられるということは、資本制経済本質論そのものの内部において〝体系上のシッポ〟としてふれられなければならない。）

このようにみてくるならば、運輸労働にかんして次のことが明らかとなる。すなわち、輸送サーヴィスの売買一般にかんすることがらは、『資本論』においては捨象されているのだ、ということである。たしかに、「通勤輸送」であれ「観光輸送」であれ「人間の輸送」は輸送サーヴィスの購入にほかならない。だが、このような「人間の輸送」の問題は『資本論』の体系それ自体においては捨象されているのである。だから、『資本論』や『剰余価値学説史』においてわずかにふれられている「人間の輸送」に「観光輸送」が含まれているのか否かという解釈論議をやること自体が、運輸業にかんする本質論的諸規定とその現実論的解明とを二重うつしにした誤謬の産物にすぎないのだ。また、第一の「物流問題」というアプローチにおけるように、輸送の「用役」を消費する諸形態を列挙することや、第二の「交通経済論」というアプローチにみられるように、「交通」の諸類型を分類することなどもまた、まったく同じ誤謬につらぬかれているのである。

本質論的には、運輸業の問題は資本によって生産された生産物である商品の価値実現の過程にかかわる問題として、つまり商品形態から貨幣形態への資本の転態に不可欠な・商品体そのものの空間的移動の問題として、明らかにされなければならない。『資本論』第二部「資本の流通過程」の第一篇「資本の姿態変換とその循環」、その第六章「流通費」の中の最後の部分において「運輸費」というかたちで運輸業の問題がとりあげられているという、『資本論』における体系的位置からしても、このことは明らかである。だから、「物的流通過程は、単なる商品形態から貨幣形態への転換の過程ではなく、追加的生産過程である」（第一のアプローチ）というように、前半の規定と後半の規定とを対立させるのは、誤謬である。このような理論的な操作は、商品ではない〝物〟の輸送をも理論的に位置づけなければならないという、理論的に現実的な要請にもとづくわけである。とにかく、商品形態から貨幣形態への価値の姿態変換のためにこそ、運輸業という追加的生産過程が必要なのだ、ということがおさえられなければならない。商品を売るためには、その商品そのものを生産地から消費地に運ばなければならないからである。

もちろん、単純な商品流通（W－G－W）の諸規定つまり商品と貨幣との交換にかんする諸規定においては、商品の空間的移動の問題すなわち運輸業の問題はなお理論的にあつかわれない。そこにおいては、空間的には、商品がおのれの眼前に貨幣をみいだすことが、また貨幣は商品を眼前にしていることが、前提とされているからである。商品の生産地と消費地との分離が措定されるためには、商品は資本の生産物としてのそれ（W′）でなければならない。すなわち、商品の貨幣への転態（W－G）ではなく、商品資本の貨幣資本への姿態変換（W′－G′）の諸規定において、つまり商品の流通過程ではなく資本の流通過程の諸規定において、商品体の空間的移動の問題が理論的に規定されなければならない、ということである。もちろん、資本の流通は商品や貨幣の流通として現象する、けれども、その商品や貨幣はたんなるそれではなく商品形態をとった資本にほかならないからである。

こうして、「物流」という概念も、マルクス経済学の観点からは次のように規定されなければならないことになる。すなわち、「物流」の本質論的規定とその現実論的規定とが区別されなければならないということである。本質論的には、「物流」は商品形態から貨幣形態への資本の形態転換に不可欠な・商品体そのものの空間的移動のことである、と規定されるべきである。もちろん、商品の物理的移動なしに商品流通はおこなわれることができ、また商品流通なしに生産物の運輸がおこなわれることがありうる。とはいえ、がらとして明らかにされなければならない。

そして、現実論的には――つまり段階論あるいは現状分析のレベルにおいては――、「物流」はいっさいの〝物〟の輸送をさす概念としてとらえられるべきである。商品を販売するために輸送する場合であれ、ともに或る企業が所有するA工場からB工場に半製品を運ぶ場合であれ、引っ越し荷物を送る場合であれ、また運送サーヴィスを買う場合であれ、企業が自家用車で運ぶ場合であれ、個人が自家用車で運ぶ場合であれ、〝物〟の輸送は「物流」と規定されなければならない。というのは、鉄道や自動車や船舶などによって運ばれる〝物〟総体が現実論的に分析されなければならないからである。たとえば、鉄道や高速道路を走るトラックの経済的意味は、それが積んでいる荷物が商品であるか、それともなお生産過程の途中にある半製品であるかによって差別されることなく、分析されなければならないからである。問題は、この「物流」の現実論的規定をその本質論的規定にもちこみ、そうすることによって、「流通過程」と切断された、したがって「流通過程に延長された生産過程」ではない、「生産過程としての物的流通過程」なるものを想定してはならない、ということにある。

これと同様に、「交通」という概念も、その本質論的規定と現実論的規定との区別と連関において、とらえられなければならない。「交通」の本質論的規定は、「運輸業」の本質論的規定と、したがってまた「物流」の本質論的規定と、まったく同一である。そして、現実論的には、「交通」は〝物〟および〝人間〟の輸送という輸送サーヴィスの生産、ならびに個人的努力にもとづく〝物〟および〝人間〟の移動（個人が自家用車で〝物〟を運んだり、自家用車を乗りまわしたり、また歩いたりするというような）などの総体をさす概念である。この「交通」の本質論的規定と現実論的規定との二重うつしの産物が、「交通」の役割の諸類型の分類論にほかならない。

さて、残る問題は、『資本論』第二部第一篇第一章第四節において、なぜ「人間の輸送」の問題にふれられているのか、という点にある。そもそも『資本論』においては「人間の輸送」の問題は捨象されているというようにとらえかえすべきなのであった。運輸業について展開されている、第六章「流通費」の中の第三節「運輸費」の項においては、「人間の輸送」についてはまったく論じられていないということをみてもそのことは明らかなのである。商品形態から貨幣形態への資本の転態に不可欠な・商品体の空間変換がそこにおいて論じられているのであるからして、「人間の輸送」の問題が度外視されているのは当然である。

では、なぜ第一章第四節のなかで「商品や人間のための本来的運輸業」が論じられているのか。このことを明らかにするためには、そこでいったい何か論じられているのかということが問題である。マルクスはいう。

「一般的範式では、P〈生産過程〉の生産物は、生産資本の諸要素とは異なる物質的な物――すなわち生産過程から分離された実存・生産諸要素の使用形態とは異なる使用形態・をもつ対象――と看なされる。……ところが、生産過程の生産物が新たな対象的生産物でなく商品でないような、自立的な産業諸部門がある。そのうちで経済的に重要なのは交通業――商品や人間のための本来的運輸業であるか、報道・手紙・電信などの伝達であるかをとわない――のみである」「運輸業が販売するのは場所変更そのものである。生みだされる有用的効果は、運輸過程すなわち運輸業の生産過程と不可分に結合されている。人間や商品は運輸手段と共に旅する。……だから運輸業のための範式はG－W＜$\begin{smallmatrix}A\\Pm\end{smallmatrix}$……

P－G′であろう」（『資本論』第二部、青木書店版、七二〜七三頁）。

以上のことが、「貨幣資本の循環」の章の最後の「総循環」の節のなかで、いわばことのついでに若干ふれられているにすぎない。このことをみるならば、貨幣資本の循環にかんする総括的な展開において、貨幣資本の循環の一般的範式$G-W<\begin{matrix}A\\Pm\end{matrix}\cdots P\cdots W'-G'$との対比でそれとは異なる範式をなすところの運輸業について、マルクスはふれたにすぎない、ということは明らかである。そして、運輸業に投下された貨幣がどのように循環するのかということを検討するのであるかぎり、この運輸業が商品を輸送するのか人間を輸送するのかということによってはまったく差別されない。場所の移動という有用的効果が生産されると同時に消費され、そうすることによって増殖した貨幣G′が回収されるのだからである。まさにそれゆえに、ここにおいては、マルクスは輸送される商品と人間とを同一性において論じているわけなのだ。

ところで、この節においては、産業資本の総運動が考察されているのであるからして、産業資本が投下される特殊的な一産業部門である運輸業、その循環の範式にかんする展開は〝体系上のシッポ〟をなすのである。

まさに、『資本論』において運輸業の諸規定がおこなわれているふたつの部分のそれぞれの体系的位置を考察することをぬきにして、この両者を自立的にとりだし重ねあわせるのであるかぎり、生産的な理論的成果をなんらうみだしえないことを自覚すべきなのである。

二　流通費としての運輸費

『資本論』第二部第一篇第六章「流通費」の項において、純粋な流通費・保管費・運輸費の三者が論じられている。つまり運輸費が純粋な流通費や保管費とともに流通費を構成するものとして把握され展開されているということである。資本の流通とは、商品から貨幣への、および貨幣から商品への資本の形態転換にほかならない。すなわち、G－W…P…W′－G′という資本の循環におけるG－WおよびW′－G′にかかわるわけである。そして、流通費とはこの流通に要する費用である。

ところで、運輸費は商品から貨幣への価値の姿態変換において不可欠となる・商品体の空間的移動のための費用であって、それ自身流通費という規定をうけるとはいえ、純粋な流通費とは異なる経済的性質をもつ。純粋な流通費は資本家の取引に要する費用であって、剰余価値つまり資本家の収入からの控除をなす。これにたいして、商品体の場所的移動は運輸業という追加的生産過程を必要とするのであって、運輸手段の価値が輸送される商品に移譲されるとともに、運輸労働が創造する価値が追加されることになる。したがって、この移譲される価値部分および追加される価値部分が運輸費という規定をうけとるわけなのだ。純粋な流通費が資本家の剰余価値からの支出をなすのにたいして．運輸費は商品に追加される価値部分として現象する。

このことを、よりたちいって検討するためには、純粋な流通費の諸規定をみておかなければならない。（『資本論』の当該部分を要約するならば、次のようにいえる。）

純粋な流通費

商品から貨幣への、および貨幣から商品への資本の形態転化は、同時に、資本家の取引であり、購買および販売行為である。資本のこの形態転化がおこなわれる時間は、主観的には、資本家の立場からすれば、販売時間および購買時間であり、彼が市場で販売者および購買者として機能する時間である。ところで、購買および販売行為という資本家の労働は、価値を創造するのではなく価値の形態転換を媒介するにすぎない。もし資本家がこの労働を自分でおこなうのではなく購買および販売の代理者として賃労働者を雇いいれるならば、資本家はこの賃労働者の賃金をみずからの剰余価値の中から支払わなければならない。もちろん、この賃労働者は、売買のために働いた時間に相当する価値生産物をうけとるのではなく、労働力の価値分だけをうけとるのだとしても、そうである。

さらに、売買のためには簿記などが必要である。簿記では労働時間が支出されるだけでなく、対象化された労働――ペン・インク・紙・机・事務所などの費用――もはいりこむ。これらの費用もまた資本家の収入から支出されなければならない。

以上のような売買のために要する費用はなんら価値を生産しない流通費であり、剰余価値からの控除をなす。それは社会的に空費である。こうして、売買に要する費用のために追加的に資本が投下されなければばならないのであって、このかぎりにおいて、投下資本が生産的に機能する範囲を縮小する。

ところで、流通期間を短縮し、そうすることによってまた同時に流通費を節約するのが、商業資本である。つまり商業資本は剰余価値からのマイナスをマイナスし、このことによって資本家の利潤を高めるという役割をはたすわけである。もちろん、このような商業資本にかんする諸規定は、『資本論』第三部第四篇においておこなわれるのであって、ここでは流通費の規定を検討するだけで十分である。

ただ注意しなければならないことは次の点にある。第二部第一篇第六章においては、流通費として純粋な流通費・保管費・運輸費の三者が論じられているのであるが、第三部第四篇において〝商業資本は流通費を節約する〟と規定される場合には、この流通費とは保管費や運輸費を捨象したところの売買のための費用、つまり純粋な流通費をさす、ということである。したがって、運輸業を流通費を節約するもの、つまり剰余価値からのマイナスをマイナスするものというように、規定してはならないわけなのである。そのように規定することは、運輸業を商業資本とのアナロジーにおいてとらえる誤謬である。というわけは、保管費や運輸費は、商品価値の実現のために必要な費用であるという点において純粋な流通費と同一であるけれども、それらは純粋な流通費と異なって商品に価値を追加するのであり、剰余価値からのマイナスをなすわけではないからである。

「運輸業や、分配可能な形態にある商品の保管や分配を、どの程度まで、流通過程内で続行される生産過程と看なすべきかは、すでに（第二部第六章流通費）解明した。商品資本の流通上のこれらの出来事は、一部は、商人資本または商品取扱資本の独自的諸機能と混同され、また一部は、この資本独自の特殊的諸機能と実際上むすびついている。といっても、社会的分業の発展につれて、商人資本の機能が純粋にも――すなわち、右の現実的諸機能と分離され、自立的に対立して――作り出されるのだが。だから、この特殊的資本姿態の独自的差異を規定しようとする吾々の目的のためには、右の諸機能を捨象すべきである。単に流通過程だけで機能する資本、特に商品取扱資本が、部分的に右の諸機能を自己の機能と結びつけているかぎり、この資本は純粋な形態では現われない。右の諸機能を剥ぎとり取りはずした後に、この資本の純粋な形態がみられる」（『資本論』第三部、青木書店版、三八六頁）。

「この特殊的資本姿態」つまり商業資本の独自的差異を規定するためには、「右の諸機能」つまり運輸業および保管業を捨象すべきである、くりかえしていえば、運輸業および保管業の機能を剥ぎとり取りはずしたのちに、商業資本の純粋な形態がみられる、というように、マルクスははっきりとのべているわけなのだ。

また「ここに吾々が考察する費用は購買費と販売費である」（同四一三頁）、と論じているわけなのである。

保管費

ところで、次に保管費が問題となる。

在荷は、生産資本の形態・個人的消費元本の形態・および商品在荷または商品資本の形態という三つの形態で実存する。ここで問題とするのは商品在荷の形態である。というのは、商品が生産物の一般的形態となる資本制生産の基礎上においては、生産資本の形態や個人的消費元本の形態の在荷が商品在荷の形態に転化するようになり、商品在荷の形態が増大するからである。ところで、商品在荷はその保管業を必要とする。保管業は、流通においてのみつづけられる、つまり、その生産的性格が流通形態によって隠蔽されているにすぎない、生産過程である。保管のためには、生産物の貯蔵所をなす建物や容器などの生産手段および労働を必要とする。しかし保管労働はなんらの使用価値も生産しない。むしろ保管の過程をつうじて、多かれ少なかれ使用価値の量は減少し質は悪化することになる。だから、保管のための費用は社会的には生産物からの控除をなす。それは必要ではあるが、社会的富の空費である。とはいえ商品在荷の維持費は、それが社会的生産元本なり社会的消費元本なりの維持費の転化したものにほかならないかぎりでは、価値を・したがって剰余価値を生産するのであって、この費用はあい異なる諸商品のうえに按分比例的に配分される。こうして、商品に使用価値を追加しないで、この商品の価値を維持するとともにこれに価値として追加される費用、つまり社会にとっては生産の空費に属する費用が、個別資本家にとっては致富の源泉となるのである。しかしもちろん、商品在荷が商品流通の停滞のゆえに発生するかぎりでは、そのための保管費は価値を追加しない。それは剰余価値からの控除をなす。

運輸費

さて、問題は運輸費についてである。まずもって、運輸費が問題となるゆえんを、マルクスは次のように説明している。

「資本の循環およびその一節をなす商品姿態変換の内部では、社会的労働の質料変換が行われる。この質料変換は、生産物の空間変換を、一の場所から他の場所への生産物の現実的運動を、条件づけうる。だが、商品の流通は物理的運動なしに行われえ、また、生産物運輸は商品流通なしに――直接的な生産物交換なしにでも――行われる。AがBに売る家は商品として流通するが、歩きはしない。……他方、たとえばインカ国では、社会的生産物が商品として流通したのでもなく、商品取引に媒介されて分配されたものでもないが、運輸業が大きな役割を演じた」（『資本論』第二部、一九三頁）。

商品流通のための生産物の空間的移動が運輸業を必要とするのであり、したがって運輸業は「流通過程に延長された生産過程」と規定されるわけである。

ところで、生産物運輸が商品流通なしにおこなわれる例として、マルクスはインカ国における運輸業をあげている。このことは、資本制生産とは異なる社会形態における運輸業を例証として論じていることを意味する。では資本制生産そのものにおける例をあげるとするならば、どのようなことがらが問題となるか。第一には、生産過程の内部における半製品の場所的変化であり、第二には消費者が市場で買いいれ自分のものにしたのちの生産物の移動である。だが、生産物運輸が商品流通なしにおこなわれる、このような場合のことがらは、ここでは捨象されているわけである。このことは、保管費の諸規定において、生産元本や消費元本の在荷の保管については捨象され、商品在荷の保管のみが分析の対象とされているのと同様である。

たとえ、マルクスが次のように展開しているとしてもそうである。

「どの生産過程の内部でも、労働対象の場所変化は、またそれに必要な労働手段や労働力は、――たとえば梳棉室から精紡室に移される棉花や、竪穴から地表に揚げられる石炭は、大きな役割を演ずる。既成商品としての既成生産物の、一の自立的生産場所から他のそれ――前者と空間的に離れた――への移行は、ただより大きな規模で同じ現象を呈する。一の生産場所から他の生産場所への生産物の運輸につづいて、さらに生産部面から消費部面への既成生産物の運輸が行われる。生産物がこの運動を完了したとき、それは初めて消費のための既成品である」（『資本論』第二部、一九四頁）。

このマルクスの展開を論拠として、生産過程における・空間的移動という「用役」の消費（第一のアプローチ）とか、生産過程の一部を構成する交通（第二のアプローチ）とかという解釈を捏造してはならないのである。生産過程の内部における労働対象となるものの場所変化は生産資本の運動にかかわることがらであって、商品資本の貨幣資本への形態転化にかかわる運輸業とは異なるということをおさえたうえで、マルクスは先の文章を展開しているのである。いいかえれば、輸送という「用役」一般を想定し、この「用役」が経済活動のどの部面でどのような役割をはたすのか、というような問題意識からマルクスの文章を恣意的によみこんではならないということである。

まさに、マルクスは運輸業を次のように規定しているのだからである。

「空間における商品の流通、すなわち事実上の運行は、商品の運輸に帰着する。運輸業は一方では自立的生産部門をなし、したがって、生産的資本〔産業資本のことを意味する〕の特殊的投下部面をなす。他方ではそれは、流通過程の内部での且つ流通過程のための生産過程の継続として現象することによって区別される」（『資本論』第二部、一九六頁）。

「生産物の分量は運輸によっては増加しない。また運輸によって生産物の自然的属性が変化されるかもしれないが、この変化も特定の例外こそあれ意図された有用的効果ではなく、不可避的害禍である。だが、諸物の使用価値はそれらの消費においてのみ実現されるのであって、諸物の消費はそれらの場所変化を、つまり運輸業という追加的生産過程を必要とするかもしれない。だから、運輸業に投下された生産資本は、運輸された生産物に価値を追加する、――一部は運輸手段からの価値移譲により、一部は運輸労働による価値追加によって。この後にあげた価値追加は、すべての資本制的生産においてそうであるのと同様に、労賃の填補と剰余価値とに分かれる」(同、一九三～一九四頁)。

「運輸によって商品に追加される価値の絶対的大いさは、他の事情が同等不変ならば、運輸業の生産力に逆比例し、運搬されるべき距離に正比例する」(同、一九五頁)。

運輸業は「流通過程に延長された生産過程」であり「追加的生産過程」をなすのであり、そうであるがゆえに運輸労働は運輸された生産物に価値を追加し、したがって剰余価値を生産するのである。このように、運輸労働はなんらの価値を生産しない商業労働とは明らかに異なるわけなのである。

保管費・運輸費が価値を追加する根拠

ところで、ここにおいて次のことが問題となる。すなわち、保管費や運輸費は流通費を構成するものでありながらも、なにゆえに商品に価値を追加するのか、このことの根拠が明らかにされなければならない、ということである。

この問題について、宇野弘蔵は次のように主張している。

「保管・運輸の費用が価値を形成し、しかもそのうちには価値を形成するものと、しないものもあるというのでは、商品の価値形成を不明瞭にするといっていえないことはないが、しかしそういう疑問が生ずる根拠についてよく考えてみてほしい。しかもこの問題でマルクスは、価値規定のきわめて重要な一面を明らかにしているともいえるのである。商品の価値規定では、その形態は商品経済に特有なるものとしなければならないが、その内容は反対にあらゆる社会に共通なるものにもとづくのであって、商品経済にのみ特有なるものはむしろ価値を形成しない——という点が、この保管・運輸の費用によってはじめて明確にされているといってよい」（『現代経済学演習講座・新訂・経済原論』青林書院新社刊、一六八頁）。

そして、「保管費用」にかんしては「a商品経済に特有なものと、bあらゆる社会形態に共通なものと」にわけているのである。「前者は商品流通の停滞から生ずるものであって、……なんらの価値をも追加しない」とされている（同、一六五～一六六頁）。

このような宇野のつかみ方は、あらゆる社会に共通なものつまり経済原則が商品形態をとって実現されているのが資本制商品経済であるという把握とむすびついているわけである。あるいはまた、あらゆる社会に共通な社会的実体である労働＝生産過程が流通形態によって、直接には資本形態によって包摂されることにより成立するのが資本制商品経済であるという考え方に規定されているわけである。しかし、「あらゆる社会に共通なもの」という把握においては、資本制という歴史性を捨象することをつうじてつかみとられる社会一般、その経済的本質をなす経済原則が、歴史的に独自な諸社会形態において「共通なもの」として歴史貫通的にとらえられてしまっているのである。いいかえるならば、人間社会一般つまり疎外されざる共同体における生産物の保管と、それの資本制的疎外形態をなす商品の保管とが、「あらゆる社会に共通なもの」ということにおいて、二重うつしにされているということである。このことは、宇野の「労働力の商品化」の経済哲学にはらまれている欠陥にもとづいているわけである。本来商品ではない労働力までもが商品化される、ここに無理がある、という歴史存在論的把握そのものにおいて、疎外されざる社会における労働力と資本制生産において商品化された労働力とが同一平面上において論じられているからである。

では、「あらゆる社会に共通なるもの」は商品に価値を追加するというように宇野がいうときには、純粋な流通費に属する簿記の費用はどのように規定されるのであろうか。簿記は共同体的生産においてはますます必要とされるからである。もし「あらゆる社会に共通なるもの」をいっさいの基準とするかぎり、簿記の費用の一部は商品に価値を追加することになってしまう。もちろん、宇野はそのようには論じていない。簿記の費用については、「使用価値自身にはなんらの関係もないものとして、いかなる社会においても、……経済的には空費たるを免れない」、とされている（『宇野弘蔵著作集・第一巻、経済原論Ⅰ』岩波書店刊、一四八〜一四九頁）。しかし、このことは「空費」であることの説明であって、価値を追加しないことの説明ではない。宇野は純粋な流通費ばかりではなく、保管費や運輸費をも「空費」と規定しているのであるからして、後の二者と簿記の費用との区別性の説明にはならないわけである。もし、その区別性を文面からみいだすとするならば、「使用価値自身にはなんらの関係もない」という点にある。なぜなら、保管費や運輸費はなんらの使用価値をも生産しないが、前者は使用価値を維持し、後者は使用価値の空間的移動をおこなうというように、使用価値に関係するからである。そして、使用価値になんらかのかたちで関係することを商品に価値を追加することの根拠としておさえるならば、「あらゆる社会に共通なるもの」を価値の形成の根拠とすることは否定されなければならないのである。しかも、ここで論じるべき使用価値とは、使用価値としての使用価値つまり疎外されざる生産物という意味での使用価値ではなく、商品の使用価値つまり価値の担い手としての使用価値でなければならないのである。

ところで、他方、価値を追加しないものを「商品経済にのみ特有なるもの」と規定することもまたあいまいである。商品形態をとること自体が「商品経済にのみ特有なるもの」だからである。しかし、宇野のいいたいところの「商品経済にのみ特有なるもの」をとらえかえすならば、それは、商品価値の形態にのみ関係するもの、つまり売買行為そのものということである。このようにとらえるならば、資本制生産における簿記もまた売買行為そのものと規定することができるわけである。

いまや明らかではないか。商品価値の形態変化にのみ関係し使用価値にはまったく関係しない費用は商品に価値を追加しないが、たとえ商品の流通過程においてであるとしても、商品価値の担い手である使用価値の減少を制限し使用価値を維持する保管費や、商品体そのものの場所変換をおこなう運輸費は、商品に価値を追加する、といえるわけである。

だから、マルクスはいう。

「商品在荷の形成によって条件づけられる流通費が、商品形態から貨幣形態への現存価値の転形時間からのみ、つまり、生産過程の一定の社会的形態からのみ（生産物が商品として生産され従ってまた貨幣への転形を通過せねばならぬということからのみ）生ずるかぎりでは、この費用は第一節に挙げた流通費〔純粋な流通費〕とまったく同じ性格である。他面、商品の価値がここで維持または増殖されるのは、ただ、使用価値・生産物そのもの・が資本投下を要する一定の対象的諸条件のもとに移され、追加労働を使用価値に作用させる諸操作のもとに置かれるからに他ならない。しかるに、商品価値の計算や、この過程にかんする簿記や、売買取引は、商品価値の実存する使用価値には作用しない。それらは、商品価値の形態に関係するだけである。だから、前提された場合では、在荷形成（これはここでは本意ではない）に伴うこれらの空費は、単に形態転化の停滞および形態転化の必要から生ずるにすぎぬとはいえ、しかもこれらの空費は、その対象そのものが価値の形態転化ではなく価値の維持である――価値は生産物・使用価値としての商品のうちに実存し、したがって生産物・使用価値そのものの維持によってのみ維持されうる――ということによって、第一節の空費から区別される。使用価値はここでは高められも増加されもせず、むしろ減少する。だが、その減少が制限され、使用価値が維持される。投下されて商品のうちに実存する価値もここでは高められない。だが新たな労働――対象化された労働および生きた労働が、追加される」（『資本論』第二部、一八〇頁）。

ところで、保管費は商品の使用価値を維持するものであるかぎりでは、その商品に価値を追加するのであるが、商品流通の停滞から生ずるものであるならば、価値を追加しない。純粋に商品価値の形態転化のための保管にすぎないからである。とはいえ、保管業は、その保管費が価値を追加するものであれ、価値を追加しないものであれ、保管している商品の使用価値を維持するための機能をはたす。つまり保管というサーヴィスを生産するわけである。保管業が資本制的におこなわれているかぎり、それは保管サーヴィスを生産し、そうすることによって価値および剰余価値を生産する。このことと保管費のどの部分がどのように、保管されている商品に価値を追加するのか、ということとは別のことである。流通停滞から生じる保管費は商品に価値を追加することはなく、したがってその商品の保管を委託した資本家は保管業者に、保管サーヴィスの代金をみずからの収入の中から支払わなければならないのである。この場合には、生産された保管サーヴィスの価値はその場で消滅してしまうことになる。（もちろん、このように保管サーヴィスの生産業つまり＜保管業としての保管業＞を措定するということは、資本制経済本質論のレベルからはみだす。それは段階論のレベルに属する。）

この意味においては、赤堀が次のようにいうことは正しい。

「流通停滞にもとづく売れ残り商品にたいする保管サーヴィスは、相変らず使用価値保存の有用効果はもつが、預託品に労働価値を付加しない。しかしその場合でも保管サーヴィスは価値を生産しており、預託者は労働価値にもとづく保管費を支払わなければならない。この場合には価値はサーヴィスの有用効果とともにその場で単に消費され、なくなってしまうだけである。」（赤堀、前掲書、一九八～一九九頁）

しかし、ここで「価値は……消費され」る、というように赤堀が展開していることは誤謬である。サーヴィスが個人的に消費される場合に、サーヴィスの有用的効果つまり使用価値が個人的に消費されるのであって、それの価値が個人的に消費されるのではない。他面からいえば、サーヴィス商品が・個人の収入の一部をなす貨幣と交換されることによって、それの価値がそこにおいて実現されるのである。そして個人の収入の一部である貨幣と交換されたサーヴィスは商品ではなくなるのであり、したがって価値物ではなくなるのである。たとえサーヴィスはそれの生産と消費とが同時であることを特性としているのだとしても、サーヴィス商品が個人の収入の一部である貨幣と交換されるのであって、サーヴィスの使用価値の個人的消費とともにそれの価値は消滅するのである。

まさに、赤堀はマルクスの次の文章（『資本論』第二部第一章第四節においてふれられているところの輸送業についての展開）を読みまちがえているのだ。マルクスはいう。「この有用的効果は、その消費に関しても、他の諸商品とまったく同じことである。それが個人的に消費されるならば、その価値は消費とともに消滅する」（第二部、七三頁）、と。ここで「個人的に消費される」のは有用的効果つまり使用価値である。この場合に、有用的効果の消費とともにサーヴィスの価値はサーヴィスの消費者に移転するのではなく消滅する、ということであって、その価値が消費されるとともに消滅する、ということではない。ところが、赤堀は「価値はサーヴィスの有用効果とともにその場で消費され、なくなってしまう」と書いている。「価値」と「有用効果」との両者が「消費される」というように、まちがって理解してしまっているのだ。価値は「消滅する」のであって、「消費される」のではない。しかも、この「消滅する」ということは、有用的効果が個人的に消費される場合のことを、有用的効果が生産的に消費されるならばそれの価値が輸送される商品に移譲されることとの対比において特徴づけた表現なのである。というのは、先の引用文に直続して次のように展開されているからである。「それが生産的に消費される――したがってそれ自身が輸送中の商品の一生産段階ならば、それの価値は追加価値としてその商品そのものに移譲される」、と。だから、一般に、商品は個人の収入と交換されて流通からひきあげられ個人的な消費財となるならば、商品ではなくなり、したがって価値物ではなくなるのだ、という基本的把握に立脚して「消滅する」という表現をとらえかえせばよいわけなのである。

しかしとにかく、保管サーヴィスがたんに個人的に消費される場合の構造を、マルクスはあつかっていない。『資本論』は資本制生産様式の本質論的解明なのだからである。したがって、商品ではない生産物の保管の問題も捨象されている。このことは、運輸費の諸規定においては、商品ではない生産物や人間の輸送が捨象されているのと同様である。

〔註〕ところで、ここにおいて、「空費」ということが問題となる。赤堀は次のようにいう。保管は「既成の生産物を保管するにすぎないものであるから」保管費は「空費」に属するが、「生産物を輸送する労働は、生産物が消費を待つばかりの完成品に仕上げられるまでの、実質的な、生産行程上の労働であって、「空費」される労働ではない」(赤堀、前掲書、一九三、二〇七頁)、と。しかしマルクスは、運輸も保管もともに「流通過程内で続行される生産過程」(『資本論』第三部第四篇)と規定しているのであって、赤堀が両者を区別する根拠がはっきりしない。これにたいして、宇野の場合には、「空費」を「直接に使用価値の生産に役立たない費用」と規定し(前出の「演習講座」一六九頁)、そのうちに純粋な流通費は当然のこととして、保管費および運輸費をもともにふくむものとしておさえているわけである。このような「空費」概念にかんする検討は、今後の課題として残しておくことにする。ちなみに、『資本論』においては、運輸費を「空費」であると規定した文章はみられないのである。

三　サーヴィスの生産としての運輸業

運輸業は、その成果としてなんらの物質的な生産物をもうみだしはしない。ただ労働対象となるものの空間的移転という有用的効果をもたらすだけである。この有用的効果は生産とともに消費される。このような有用的効果は、一般的にはサーヴィスとよばれる。もちろん、運輸業は労働対象になんらの物質的変化をもおよぼさないわけではない。位置の変化という物理的変化をあたえるのだからである。この意味においては、運輸労働は教師の労働とか歌手の労働とかとは異なる。教師の労働は労働対象である生徒の脳髄に対象化されるとはいえ、生徒はなんらの物理的変化をもうけない。また歌手の労働は労働対象である聴衆に、空気の振動を媒介として享楽をあたえるとはいえ、聴衆を物理的に変化させはしないのだから。

けれども、運輸業はあくまでも運輸というサーヴィス商品を生産するのであるからして、このサーヴィス商品の生産過程の独自的構造が直接的生産過程における搾取の構造との類推において明らかにされなければならない。というのは、サーヴィス商品の生産過程の解明は、資本制生産の普遍本質論のレベルにおいてではなく、特殊段階論のレベルにおいて成立するのだからである。すなわち、資本制生産の普遍本質論は「総資本＝総労働」のレベルにおいて展開されるのであり、したがってそこにおいては労働の特殊性は捨象されているのにたいして、段階論は「諸資本＝諸労働」のレベルにおいて展開されるのであり、それゆえにそこにおいては労働の異種性および異質性（ここで問題になるのはさしあたり労働の異種性の側面である）が措定されるのであって、サーヴィス労働もまたこのレベルにおいてつまり現実論的に規定されなければならない、ということなのである。次のようにいってもよい。資本制経済本質論のレベルにおいては運輸業の一般的諸規定つまり∧運輸費としての運輸業∨が論じられるにすぎないのにたいして、段階論のレベルにおいてはサーヴィス商品の生産業としての運輸業つまり∧運輸業としての運輸業∨が現実論的に論じられるのだ、と。そして、運輸というサーヴィス商品が売買されるというかぎりにおいては、輸送されるものが諸商品体であるか人間であるかまた個人的所有物であるかによって差別はでてこない。それ自身使用価値と価値との統一をなすサーヴィス商品が貨幣と交換されるというにすぎないからである。（なお、ここで運輸というサーヴィス商品の生産過程について論じる場合には、段階論のレベルではあるけれども、独占価格ではなく「価値＝価格」を前提とする。というのは、運輸というサーヴィス商品の現実的流通の構造ではなくそれの生産過程そのものの構造の価値論的解明を、いまわれわれは課題としているのだからである。）

ところで、運輸というサーヴィス商品の生産過程の解明は、マルクスが『資本論』において〝体系上のシッポ〞として叙述したところの・運輸業に投下された産業資本の循環にかんする諸規定にのっとっておこなわれなければならない。なぜなら、この諸規定は、他の一般的な諸商品の生産部門に投下された資本の循環にかんする諸規定と同一性における区別にあるものとして、段階論のレベルにおいて論じられるべき・サーヴィス産業部門に投下された資本の循環にかんする諸規定に妥当するからである。

もちろん、運輸業に投下された産業資本の循環を考察する場合には、輸送されるものが諸商品体であるか人間であるかによって差別する必要はない。また、たとえ商品ではない生産物であったとしてもかまわない。商品形態から貨幣形態への資本の転態に不可欠な・諸商品体そのものの場所的移動、これをおこなうために運輸業が成立するというように、運輸業は規定されるとしても、このようなものとして規定された運輸業をば、運輸業そのものの循環を明らかにするという観点から論じる場合には、輸送されるものの現実的多様性が措定されなければならないからである。

マルクスはいう。

「運輸業が販売するのは場所変更そのものである。生みだされる有用的効果は、運輸過程すなわち運輸業の生産過程と不可分に結合されている。人間や商品は運輸手段と共に旅する。そして運輸手段の旅――その場所的運動――こそは、運輸手段によって惹起される生産過程である。その有用的効果は生産過程でのみ消費されうる。それは、この過程とは異なる使用物――その生産後に初めて取引財として機能し、商品として流通するもの――としては実存しない。しかし、この有用的効果の交換価値は、他の各商品の交換価値と同じく、それ〔の生産〕において消費された生産諸要素（労働力および生産手段）の価値、プラス、運輸業労働者の剰余労働によって創造された剰余価値、によって規定されている。この有用的効果は、その消費に関しても、他の諸商品とまったく同じことである。それが個人的に消費されるならば、その価値は消費とともに消滅する。それが生産的に消費される――したがってそれ自身が輸送中の商品の一生産段階ならば、その価値は追加価値としてその商品そのものに移譲される。だから運輸業のための範式はG－W＜$\begin{matrix}A\\Pm\end{matrix}$…P－G′であろう。けだし、生産過程から分離されうる生産物でなく生産過程そのものが、支払われ、消費されるからである。だからこの範式は、貴金属生産のための範式と殆んどまったく同じ形態を有するのであって、ただ、この場合のG′は、生産過程で生みだされて過程から押出された金または銀の現物形態でなく、生産過程で生みだされた有用的効果の転化形態だというだけのことである」（第二部、七三〜七四頁）。

さて、運輸というサーヴィス商品の生産過程を明らかにするためには、この生産過程を措定する前提としての商品＝労働市場が問題となる。

運輸過程の前提としての商品＝労働市場

運輸サーヴィス商品を生産するために資本家はみずからの貨幣を投下する。投下された資金は一方では運輸手段（鉄道業においては機関車や貨客車ばかりではなく広義の労働手段をなす線路や駅施設などをも建設する必要がある）と交換されると同時に、他方では運輸労働者の労働力と交換される。それとともにこの資本家は生産される運輸サーヴィスを消費する人びとつまり諸商品体の輸送を委託する資本家やみずからの身体あるいは個人的所有物の空間的移動を望む諸個人をつのる。すなわち、運輸サーヴィスという商品の生産に先だってその商品の購買者をあらかじめ市場にみいださなければならないということである。したがって、輸送を委託された諸商品体や諸個人の身体やまた個人的所有物などは運輸労働の対象となるものであるにもかかわらず、運輸業の資本家はみずからの資金を投下してこれらを買うわけではけっしてない。すなわち、運輸業の資本家の貨幣は運輸手段および運輸労働力に転態するだけであって、輸送される対象には転態しない。運輸業の資本家は、これらの対象をば、生産される予定の運輸サーヴィス商品の購買者からあずかるだけである。運輸業の資本家にとってはこれらの対象は外的にあたえられるにすぎない。しかしとにかく、このような特殊性が刻印されているとしても、商品＝労働市場において運輸手段および運輸労働力が購買されることをとおして、運輸サーヴィスの生産過程が措定される。

この運輸サーヴィスの生産過程において、運輸手段の使用価値とともに運翰労働力の使用価値が消費される。この過程は、直接的生産過程と同様に、労働過程と価値増殖過程との直接的統一をなす。したがって運輸業の生産過程の使用価値的側面とその価値的側面との両者が考察されなければならない。

運輸労働過程

運輸業の生産過程においては、人間や諸商品体の場所変更という有用的効果が生産される。この有用的効果は生産過程でのみ消費されうる。それらの生産は同時にそれの消費であり、それの消費は同時にそれの生産である。輸送される人間や諸商品体は、この生産過程のただ中においてのみ、有用的効果を体感する。人間や諸商品体が目的地に着いたときには、この生産過程の痕跡はあとかたもなく消えさっている。

ところで、空間的移動というこの有用的効果の生産過程は、運輸労働者の労働によってのみうみだされるのであって、運輸労働者の労働の継続そのもの、つまり運輸労働過程にほかならない。運輸労働そのものが、つまり運輸労働過程そのものが場所変更という有用的効果としてあらわれるのである。だから、運輸労働の対象は輸送される人間や生産物である。けれども、この労働対象はいくら運輸労働の火になめられたとしても、いささかも物質的変化をひきおこさない。労働の時間的継続とともに空間的運動をくりひろげるだけである。運輸労働者が輸送物に働きかけるためには、その手段つまり運輸手段が必要である。この労働手段は労働者が運転労働をおこなうことをつうじて労働対象とともに移動する。さらに、この運輸手段が運輸労働者および労働対象を乗せて運動する空間そのものと運輸手段が停留する場所とが不可欠である。これらは広義の労働手段をなすのであって、直接には過程にはいりこまないが、それなしには過程は実現されえない。それらは、船舶の運行する海や飛行機の飛ぶ空中のように、自然物である場合もあれば、道路・線路・運河などのように、労働によってすでに媒介されている場合もある。もちろん、たとえ前者の場合にも、港湾設備や飛行場のような、労働の生産物である部分を必要とする。

運輸労働過程は直接に手でもったり目でみたりできるような・物質的な形態をとった使用価値をうみだしはしないが、人間や諸商品体の場所変更という有用的効果を発揮する。このような有用的効果が運輸サーヴィスの使用価値にほかならない。だから、この有用的効果そのものが商品として販売されるのである。

したがって、次に、運輸過程の価値的側面を考察しなければならない。この場合には輸送されるものが諸商品体であるか人間であるかによって、少しばかり異なった様相を呈する。まず諸商品体を輸送する場合をみていく。

価値増殖過程——諸商品体の輸送の場合

もちろん、運輸サーヴィスという商品が生産されるというかぎりにおいては、輸送されるものが諸商品体であったとしても人間であったとしてもまた個人的所有物であったとしても、かわりがない。運輸手段の使用価値とともに運輸労働力の使用価値が消費されることをつうじて、運輸手段の価値が（もちろん運輸手段は固定資本をなすのであるからして、その価値が全部的にではなく部分的に）運輸サーヴィスに移転すると同時に新たな価値がそれに付加される。というのは、労働力の使用価値の消費は同時に価値創造となるのだからである。そして、労働力の使用価値の消費としての労働は、新たな価値を生産物（この場合には運輸サーヴィス）に付加することにおいて同時に生産諸手段（この場合には運輸手段）の価値を生産物に移転するのだからである。したがって、運輸過程の発揮する有用的効果である運輸サーヴィス、この商品の価値は、運輸労働によって創造された価値部分と運輸手段から移転された価値部分とからなる。そしてこの場合に、運輸労働によってうみだされた価値部分は運輸労働者の賃金に該当する部分と剰余価値とに区分することができるわけである。この運輸サーヴィスの価値は運輸サーヴィス商品がそれの使用価値の消費者（この消費者が個人の場合も多数者の場合もある）の貨幣と交換されることによって、そこにおいて実現される。

ところで、この場合に、運輸業の価値増殖過程は労働対象には無関心である。たとえ労働対象となっているものが諸商品体であったとしても、この諸商品の価値はこの過程にははいりこまない。そして輸送されるものが人間や個人的所有物である場合には、このことはより鮮明になる。それらは価植物でさえないからである。

もちろん、運輸サーヴィスの生産過程は同時にその消費過程である。この運輸サーヴィスの消費を問題にするかぎり、輸送されるものが諸商品体——生産地から消費地に輸送される過程にあるそれ——であるか、人間あるいは個人的所有物であるか、によって相違が生じる。前者の場合には運輸サーヴィスの使用価値は生産的に消費され、後者の場合にはそれは個人的に消費されるからである。

前者の場合には、運輸サーヴィスの使用価値が生産的に消費されるとともにその価値は輸送されている諸商品に移転する。けれども、もちろんこの場合に、輸送される諸商品の価値は、運輸サーヴィスの価値が追加される土台つまり定数として現象するのであって、直接的生産過程において原料の価値が生産物に移転するというような関係をなすのではない。ただ、運輸過程をつうじて輸送される諸商品の価値が喪失してしまうことがないように、その価値の担い手である諸商品体そのもの（使用価値）の破損を阻止することが問題であるにすぎない。

したがって、運輸過程における労働および運輸手段は資本の定有をなすのであり、前者は可変資本という規定を、後者は不変資本という規定をうけとる、けれども、輸送されている諸商品体は不変資本という規定をうけとりはしない。運輸労働者および運輸手段とともに旅している諸商品体は、この運輸過程の有用的効果の価値つまり運輸サーヴィスの価値の一方的受取手なのである。

このことは、前提としての商品＝労働市場において、次のようなかたちであらわれていたことの結果である。すなわち、運輸業に資本を投下した資本家は、みずからの貨幣でもって運輸手段および労働力を買いいれはしたけれども、輸送すべき諸商品体をけっして買いいれはしなかったからである。輸送物についてはただ輸送を委託されただけだからである。運輸業の資本家が貨幣を投下しなかったものが、運輸過程において資本の定有という規定をうけとることはない。運輸手段および労働力は運輸過程においては生産資本という規定をうけとる。けれども、輸送されている諸商品体は、生産資本という規定をうけとるのではなく、なおかたくなに諸商品体であるというみずからの形態を維持する。それらは、運輸業の資本家ではなく輸送を委託した資本家の所有物であり、商品資本の実存形態にほかならない。それらは諸商品体という姿のままで輸送されるのである。それらは生産資本として剰余労働を吸収するのではなく、商品形態のままで、追加される価値を吸収するのである。

だから、運輸業の資本家は、輸送された諸商品を売ることによって剰余価値を得る（実現する）のではなく――それらの諸商品はみずからの所有物ではないのであるからして売ることはできないのであるが――、運輸サーヴィスの代金の支払いをうけることによって剰余価値を得る（実現する）のである。運輸労働が創造する価値は、運輸労働者の賃金に該当する部分と剰余価値とに区分することができるからである。他面、輸送を委託した資本家は、運輸過程をつうじて運輸サーヴィスから移転された価値部分したがってそのうちの剰余価値をなんら取得しない。目的地においては増加した価値を体現している諸商品を手にするとはいえ、それは運輸サーヴィスの代金をみずからの投下資金のうちから運輸業の資本家にすでに支払ったことの結果である（前払いの場合）か、これからその代金を支払わなければならないことの根拠である（後払いの場合）か、のいずれかにすぎないからである。

価値増殖過程――人間の輸送の場合

ところで、輸送されるものが人間や個人的所有物――資本家であれ労働者であれ商品としてではなく個人的に所有している物――である場合には、運輸過程の有用的効果つまり運輸サーヴィスは個人の収入の一部をなす貨幣と交換されると同時に価値物ではなくなる。

たしかに、運輸業においては運輸サーヴィスの生産過程は同時にそれの消費過程であり、両者は不可分である。とはいえ、目に見える生産物の形態をとっている商品が売買されるのと同様に、運輸業においても人間や個人的所有物をA地点からB地点に運ぶというサーヴィスが商品として売買されるのである（もちろん輸送されるものが諸商品体である場合にも、このことにはまったくかわりはない）。たとえば、ある人は現在いる場所から目的地までの乗車券をばみずからの収入の一部を支出して買い、この乗車券とひきかえに目的地までの輸送というサーヴィスを手にいれるわけである。運輸サーヴィスという商品の使用価値は生産と消費とが同時であるという特殊性が刻印されているとしても、運輸サーヴィスという商品が個人の収入の一部である貨幣と交換されそこにおいてその商品の価値が実現されるということは、他の一般の消費財が売買される場合と同様である。

だから、運輸サーヴィスの使用価値を個人的消費者が――自分自身の体あるいは自分の個人的所有物を輸送するというかたちにおいて――消費する場合には、運輸サーヴィスは貨幣と交換されると同時に価値物ではなくなるわけである。運輸サーヴィスは交換とともに商品ではなくなり、個人的消費者の消費対象となるからである。したがって、諸商品体が輸送される、つまり運輸サーヴィスの使用価値が生産的に消費される場合には、運輸サーヴィスの価値は輸送される諸商品に移転するのであるが、それとは異なって、運輸サーヴィスの使用価値が個人的に消費される場合には、その使用価値の消費とともに運輸サーヴィスの価値は消滅する。

たしかに、輸送されている人間（個人あるいは多数者）や個人的所有物は、労働過程の側面からみるならば、労働対象という規定をうけとる。しかし、価値増殖過程の側面からみたとしても、労働対象となっている人間や個人的所有物の価値ということは問題とはなりえない。したがってまた、それらは不変資本という規定をうけとることもない。（不変資本という規定をうけとらないのは、諸商品体の場合も同じだが。）そもそも、それらは運輸過程になげこまれるまえに、商品でさえも、つまり価値の担い手でさえもなかったのである。輸送される人間や輸送される個人的なものの所有者は、輸送というサーヴィス商品の有用性を消費するだけだからである。彼らは輸送というサーヴィス商品をばみずからの収入の一部を支出して買いかつ消費するだけだからである。人間の輸送の場合には、輸送というサーヴィスの買い手つまり消費者が直接に労働対象となっているわけなのである。

だから、運輸業に資本を投下した資本家は、運輸過程の生産する有用的効果にたいする支払いをうけとることによって、投下した貨幣を回収するばかりではなく剰余価値をも取得する。けれども、輸送された人間は、おのれの場所の移動という有用的効果を商品として買いかつ消費したというだけのことなのである。

ところで、諸商品体を輸送する場合であれ、人間や個人的所有物を輸送する場合であれ、場所変更という有用的効果が生産され・したがって消費された結果からするならば、生産された運輸サーヴィスという商品が貨幣と交換され、そこにおいてこの商品の価値が実現されたということとしてあらわれる。もっとも、運輸労働者が運輸手段に何も乗せないで走ったとするならば――たとえば鉄道労働者が列車や貨車を空のままで走らせたりした場合には――、運輸労働者と運輸手段との現実的統一において運輸労働過程は遂行されるが、これに要した運輸労働者の労働時間と運輸手段の磨損部分はまったく運輸資本家の損失である。

このような特殊な場合を捨象するならば、諸商品体を輸送したとしても、人間や個人的所有物を輸送したとしても、運輸というサーヴィス商品の使用価値が生産的に消費され、それとともにその価値が輸送される諸商品に付加されるのか、運輸というサーヴィス商品の使用価値が個人的に消費され、それとともにその価値が移転するのではなく消滅するのか、ということが異なるだけであって、運輸業の資本家が、生産し譲渡した価値に相等する貨幣を運輸費としてうけとるという点においてはまったく変わりがない。

そもそも運輸業という一産業部門において価値増殖をくわだてた資本家は、みずからの貨幣を投下して労働力と運輸手段（労働手段）となるものを買いいれただけであった。彼は最初から輸送すべき対象を買いいれはしなかった。しかも彼は輸送すべき対象が諸商品体であるのか人間であるのか個人的消費物であるのかということには、そして諸商品体であったとしてもそれらの商品の価値には、まったく関心をもっていなかった。ただ輸送を委託された〝もの〟の体積・重量（またこわれやすさ・いたみやすさなどを考慮して）および輸送距離にしたがって運輸費をとることにのみ関心をいだいていたのである。だから、わが運輸業の資本家は、生産した運輸サーヴィスにたいする代金をうけとりさえすればよいのである。そしてその代金において、みずからの貨幣を投じて購入した労働力および運輸手段の価値と剰余価値とを実現すればよいわけなのである。

運輸サーヴィスの価値は、場所変更という特殊な対象的生産物――〝動く〟ということそれ自身があくまでも対象的世界においておこなわれることがらであると同時に、目で見たり手でふれたりすることのできる一個の対象的生産物をつくりだすのではないのだから――に対象化されている労働が、価値＝交換関係を媒介としてうけとる規定である。このことは、食糧や衣類や機械などの諸商品の価値の規定といささかもかわりがない。そして、他の諸商品と同様に、運輸サーヴィスの価値もまた交換によって実現される。個別的な運輸過程の相違によって、運輸サーヴィスの価格はパラパラであり、また変動するであろう。しかし、この価格変動を媒介として、運輸サーヴィスの価格はその価値に一致することになる。

もちろん、運輸サーヴィスの価格をさらにたちいって論じようとするならば、理論的に大きな困難に直面する。たとえば鉄道の乗車料金を考えてみよう。或る電車が満員であろうともまたガラ空きであろうとも、この運輸過程をつうじて運輸手段をなす電車および線路から移転する価値部分と運輸労働によって創造される価値部分とのいずれもが、それほどかわらないであろう。このことを前提として、もしもこの両者からなる・運輸サーヴィス商品総体の価値を乗客数で頭わりしたものを乗客ひとりについての運輸サーヴィスの〝価格〟だとするならば、満員の場合とガラ空きの場合とではこの〝価格〟は大きく違ってしまう。このことを解決するためには、〝価格〟は乗客数の平均値に規定されるのだと理論的に想定する以外にないであろう。

けれども現実には、より具体的な問題が、つまり時間帯や曜日やまた季節などによる乗客数の変動・電車区間による乗客数の差異などが問題となる。さらに他の運輸交通手段との競争の問題も措定しなければならない。もしも他の運輸交通手段との競合がほとんどない（たとえば或る特定の地域で或る一本の鉄道しか施かれておらずしかも道路も整備されていないというように）ならば、この鉄道は或る種の独占的性格をもつことになる。しかも鉄道業にみられるように、固定資本が巨大であるがゆえに、資本の新たな投下とその引きあげが他の産業部門よりも困難であるということが、競争に特殊性を刻印することになる。けれども運輸業における競争の特殊性とその諸結果——たとえば鉄道業が国家資本という形態において経営されるとともにその料金の決定が独自的なものとなるというようなことがら——の具体的分析は、「価値＝価格」ではなく「価値から乖離した価格」を措定しつつ（もちろん段階論あるいは現状分析のレベルにおいて）なされなければならない。

一九八二年十月二十一日

（松代秀樹『「資本論」と現代資本主義』こぶし書房、一九八四年刊所収）

労働者協同組合という現代のユートピア幻想

笠置高男

「「資本家・経営者・労働者」三位一体の働き方」という基礎づけ

労働者協同組合法という超党派の議員が提出した法案が、二〇二〇年一二月四日の臨時国会最終日に参議院本会議で、全会一致で可決され、成立した。全会一致で可決というこのことに、今日の日本の階級闘争の現実が象徴的に映しだされている、といってよい。あたかも、労働者協同組合法の制定にかんしては、資本家階級と労働者階級との階級的な対立が存在しないかのような様相を呈しているからである。独占体の経営者の側からも、労働運動家の側からも、労働者協同組合は現代のユートピアであるかのように描きあげられ絶賛されているからである。

労働者にとってとても良いものを結成することができるようになった、という雰囲気がかもしだされていることこのこと自体が、ソ連崩壊以後の今日の日本において、労働者的な労働運動が壊滅していることに、すなわちプロレタリア階級闘争が壊滅していることにもとづくのである。

新型コロナウイルス感染の急拡大という今日このときに、長年にわたって準備されてきたこの法案が採択されたということに、この法律の中身を明るみにだす鍵がある。

この法律に規定されている労働者協同組合とは、労働者たちが出資して協同組合をつくり、彼らはこの組合形態の企業と雇用契約を結び協同して働くとともに、労働組合を結成することもできる、というものである。

新型コロナウイルの感染拡大を防ぐために介護労働者や保育労働者が心身をすりへらし疲弊して、種々の介護施設や保育施設が閉鎖に追いこまれたり、これらの労働者が退職を余儀なくされたりしてきた。自民党・公明党および支配階級は、今後このような現状を打開するために、生活を守るために働きたい介護労働者たちや保育労働者たちを、自分たちで施設を維持したり新たに設立したりするように追いこんでいくことを目論んでいるといえる。

また、多くの旅館や飲食店が廃業を余儀なくされてきた。支配者たちは、そこで働いていた労働者たちや同じようなところでいま働いている労働者たちに、右と同様のことを強制しようとしているといえる。

さらに、地方では、農業や漁業やまた林業などで後継者不足が深刻である。地方ばかりではなくさびれた都会でも、特産の工芸品の作業場や優れた技術をもつ中小企業で、経営を継ぐ人がいなくて困っているところが多くある。支配者たちは、労働者出資の・非営利の企業体として、これらを継ぎ独自に発展させていくように労働者たちにうながすことを狙っているといえる。

公明党のばあいには、創価学会に所属する労働者のなかに、右にのべたようなもろもろのところで働いている人が、それなりに多くいるのかもしれない。日々の生活に困っている労働者のなかには、創価学会の掲げる理想に希望を託している人もいるのである。

支配階級と彼らの利害を体現する与党は、総じて、「働き方改革」「地方創生」という旗印のもとに、介護とか保育とかその他の業務にたずさわる労働者たちの、生活苦やそしてやさしい心や伝統技術を守り磨こうとする意欲につけこんで、彼らに、資本制的な激しい競争のもとで経営を守るためにみずから低賃金を耐え忍んで働くように強制することをたくらんでいるのである。

他方、「連合」指導部は、――自分たちが支持する野党と手をたずさえて、――労働者たちが協同組合企業とのあいだで契約を結び・労働組合を結成することができる、という条項を盛りこんだことを、成果としておしだした。これは、労働組合の組織率がどんどん低下しているという状況のもとで、組合員を少しでも増やしたい、という彼らの願望にもとづく。しかも彼らは、労働者協同組合企業は「『資本家・経営者・労働者』三位一体の働き方」である、というように基礎づけた。このようにこの三者を一人の人物が体現することを賛美しおしだすのは、資本家・経営者と労働者とが生産においても分配においても対立するものではなく、それらは単に企業における役割分担にすぎず、みんながいっしょになって企業を発展させるのだ、という・彼らの今日の徹底した「労資協議」路線を、労働者協同組合の問題に、彼ら「連合」指導部が貫徹したことにもとづくのである。

旧総評指導部の流れをくむところの日本型社会民主主義の系列に属する組合主義者もまた、労働者協同組合法の成立を喜び、協同組合企業を創造していくことを、みずからの労働運動の推進の今日的に重点をおくべき一任務とした。これは、争議行為をやったり裁判や労働委員会に訴えたりしても、首切りなどの諸攻撃をはねかえすことができず、また、困った労働者が駆け込み寺的に労働組合に加盟しても裁判などが終わるとやめていってしまい組合員がなかなか増えない、という現状を、倒産の憂き目にあった労働者たちでもって協同組合企業をつくり、この労働者たちを自労働組合のメンバーとする、ということに、彼ら組合主義者が希望を託したものである。それは、現存支配秩序のもとで改良をつみかさねていくことにかすかな展望をみいだし、協同組合企業という現代におけるユートピアを、経営に四苦八苦し賃金をみずから切り下げても失業よりはましだと労働者たちに言い聞かせて、つくりだそうとするものなのである。

社会民主主義者に変質した大内力のはかない希望

二〇〇八年に亡くなった宇野派の経済学者である大内力は、「高齢者協同組合」というようなかたちで「労働者協同組合」の運動をすすめてきていた。

彼は、この運動を次のように理論的に基礎づけていた。

「協同労働と労働者協同組合の運動というのは、働く人が力を合わせて自分たちの仕事をつくり、自分たちが主体的に働くことによって、自分たちを人間的により完成したものにしてゆくという理想を持った運動です。現代はまさにそういう運動が歴史的な意義を持っている時代だと感じます。」(大内力『協同組合社会主義論』こぶし書房、二〇〇五年刊、五八～五九頁)

「そのもう一つ底には、労働力の商品化という問題があります。労働するという人間の能力を商品として市場で売買するという社会関係がいつまでも人間社会の中に存在していていいものか。これは社会主義思想の中では以前から問われてきたことです。一八世紀から一九世紀の初期にかけて資本主義が発達するのと並行して、労働疎外への批判が生まれてきたことはご承知の通りですが、それが社

会主義の原点だったのです。」（六九頁）

「いろいろな年齢層の住民全体が参加して地域社会をつくる、……そういう形でだんだん社会主義社会ができることになるのではないかというのがぼくのはかない希望です。」（九三頁）

たしかに、高齢者にかんしてであるならば、認知症にならないためにも、生きがいとなる仕事を見いだしみんなで協同して働く、ということは重要なことではある。

また、たしかに、大内力は宇野派の学者として、「労働力の商品化という問題」の解決や「労働疎外への批判」を語ってはいる。

だが、労働者協同組合の運動に参加する人びとの年齢層をひろげていって「だんだん社会主義社会ができる」などと展望するのは、大内力が、みずからが社会民主主義者に転落していることを、あるいはロバート・オーエンなどと同様の空想的社会主義者に落ちぶれていることを、表明したものにほかならない。その構想は、彼自身が言うように、「はかない希望」でしかないのである。

これは、彼が資源枯渇ペシミズムにおちいったときから、経済学者として・分をわきまえて・資本主義の政治経済構造の対象的分析に全精力を注ぎこんでおればいいものを、国家＝革命理論にかんして何ら勉強してもいず・何の準備もなく無防備なままに・その自覚もなしに、政治づいて運動に身をのりだすことによって、自分を招き入れた日本型社会民主主義者すなわちベルンシュタインの流れをくむ社会民主主義者に影響され汚染されてしまったことにもとづくのであり、その帰結なのである。

最小限綱領すなわち改良と、最大限綱領すなわち革命とのあいだに万里の長城を築き、改良の積み重ねを自己目的化したのが、ベルンシュタインの改良主義なのであるが、大内力の構想もまたこれと同じものとなっているのである。「だんだん社会主義ができる」というように彼が社会主義をめざしていることが、社会主義の展望の最後の一片までをも捨て去った西欧型社会民主主義と異なるのである。

労働者協同組合企業を、その外部との関係ではそれは資本主義的競争にまみれてはいるけれども、その内部においては・それは資本主義から隔絶した空間として・労働者が主体的に働く協同労働が実現されており、実質上、労働力の商品化が克服され労働疎外が止揚されている、とみなして、このような労働者協同組合の量的拡大をめざすのは、空想的社会主義者のユートピアの今日的再現なのである。『協同組合社会主義論』という本の表題は、売れ行きをよくしたいということとおもわれる・販売元たるこぶし書房の意向なのだそうであるが、著者の「はかない希望」の内実をよくあらわしている、といえる。

根本的な問題は次の点にある。

たとえ労働者協同組合が作った企業であれ、それは資本制的企業の一形態なのであり、そこには価値法則が貫徹されているのである。そこで働いている労働者の労働力は、労働者協同組合企業と労働者とのあいだで商品として売買されたのであり、その企業の生産手段と生きた労働は、労働者協同組合企業という形態をとる資本の定有なのであって、そこで働く労働者の労働は主体的な協同労働なのではなく資本制的に疎外された労働なのである。

だから、労働力の商品化を廃絶し・したがって疎外された労働を止揚し、労働者たちが主体的に働く協同労働を実現するためには、資本による賃労働の搾取という資本制生産関係そのものを転覆しなければならない。これを実現するためには、労働者階級の階級的な組織化にもとづいてブルジョア国家権力を打倒しプロレタリアート独裁権力を樹立しなければならないのであり、このプロレタリア国家がすべての生産手段をブルジョアジーから収奪しみずからの所有としなければならないのである。生産手段のこのプロレタリア的国有化が社会主義の物質的基礎をなすのである。

このようなことは、社会主義における商品生産と価値法則の部分的な貫徹を宣言した・かのスターリン論文（「ソ同盟における社会主義の経済的諸問題」）に反対して、価値法則の廃棄と経済原則の実現を主張した宇野弘蔵の弟子である大内力には、感覚的には明らかなことであった。だが、彼は政治づくことによって、このようなおのれを軽やかに捨て去ったのであり、「協同組合社会主義」という現代におけるユートピア幻想をあおる者にまで成り下がったのであった。

この大内力以下的な主張をしているのが、「労働者協同組合法」の賛美者たちなのである。

『資本論』の展開の手前味噌な解釈

大内力の以前にも、「労働者協同組合」をマルクスの言葉によって基礎づけるために、マルクス主義を自称する・この運動の推進者たちによって、『資本論』からの引用がなされてきた。

それは次のような論述である。

「労働者たち自身の協同組合工場は、旧来の形態の内部では、旧来の形態の最初の突破である。といっても、それはもちろん、つねに、その現実的組織においては、既存制度のあらゆる欠陥を再生産し、また再生産せざるをえないのではあるが。だが資本と労働との対立は、この工場の内部では止揚されている、――たとえ最初には、組合としての労働者たちは彼等自身の資本家だという、すなわち、生産手段を彼等自身の労働の価値増殖に使用するという、形態でにすぎないとはいえ。……資本制的株式企業は協同組合工場と同様に、資本制的生産様式から組合的生産様式への過渡形態と看なされるべきであって、ただ、対立が前者では消極的に止揚され、後者では積極的に止揚されているだけである。」（長谷部文雄訳、青木書店版第三巻、六二六頁、「第五篇　利子と企業者利得への利潤の分裂。利子生み資本　第二十七章　資本制的生産における信用の役割」）

構造改革派や社会民主主義者やまた市民主義者の連中は、ここで「この工場の内部では止揚」とか「積極的に止揚」とかと書かれていることにとびつき、欣喜雀躍としてこの部分をもちだしたのであった。彼らは、マルクスがつねにかならず矛盾構造で展開していること、すなわちこの展開は「旧来の形態の内部では」という限定のうえでの論述であるということ、したがって「彼等自身の労働の価値増殖に使用する」というように明確に展開されていることを無視抹殺し、自分たちにとって都合のいい一面だけを自立化させる、というかたちで手前味噌に解釈したのである。

この論述部分は、利子生み資本について論じる篇に属するのであり、資本制生産における信用の役割を明らかにするために、その信用が大きな役割をはたすものとして、私的資本に対立する資本制的株式企業および協同組合工場を前者との対比において特徴づけているのであって、このようなものとして、この論述の『資本論』体系における体系上の位置が確認されなければならない。

マルクスは、『資本論』で、資本制生産の本質的法則たる価値法則の止揚との関係において、資本制生産様式を廃絶したうえにうちたてられる将来社会の生産様式についてしばしば触れているのであるが、こういう展開は体系上のしっぽと呼ばれる。ここでは、このようなことが論じられているのではなく、資本制的な信用そのものの問題が論じられているのである。すなわち、マルクスがこの引用文のなかで「組合的生産様式」と呼んでいるところの共産主義（その第一段階および第二段階の両者をふくむ）的生産様式そのもの、あるいはそれへの転化について、マルクスはここで論じているのではない、ということである。

ここで同じ「組合」という用語が使われているからといって、「協同組合工場」と「組合的生産様式」とを連続的につないではならない。マルクスはしばしば「組合的生産様式」とか「協同組合的社会」とかという表現を使っているのであるが、これは、――おそらく労働者たちがイメージをわかせることができるように、――共産主義的生産様式や共産主義社会を、当時現存していた協同組合との類推において表現したものなのである。

資本制的株式企業および協同組合工場にかんして、マルクスが、資本制生産様式そのものの内部での資本制的生産様式の――消極的ないし積極的――止揚である、という規定をあたえているのは、『資本論』が〈総資本＝総労働〉という資本制生産の普遍的抽象のレベルにおける展開であり、信用論が位置するその第三巻は、そのレベルのうえでのヨリ具体的な諸規定として〈総資本の直接の構成部分としての諸資本〉について論じられているのであって、この〈総資本の直接の構成部分としての諸資本〉の物質的基礎をなす諸資本にかんして、私的資本を普遍的なものとするならば、それにとっては資本制的株式企業および協同組合工場は特殊性をなす、ということを明らかにするためなのである。資本制的株式企業や協同組合工場そのものの具体的な諸規定は、段階論のレベルあるいは現状分析のレベルにおいて明らかにされなければならない。

協同組合工場の諸規定のご都合主義的解釈は、『資本論』の理論的レベルないし抽象のレベルについて考察することができないという・おのれの論理的無能力に無自覚なままに、今日の国家独占資本主義のもとでの労働者協同組合企業の理論的基礎づけに、『資本論』での諸規定を直接的に援用したことにもとづくのである。

いまは、このようなご都合主義的解釈をする者さえいない。しかし、労働者協同組合法の賛美をその根底からうちやぶるためには、そして、うちやぶりうるようにわれわれ自身を武装するためには、いまやってきたような理論的検討が必要なのである。

二〇二一年一月二日

スターリン主義者の『資本論』解釈

一　「抽象的人間的労働の質」をひねりだす山本二三丸の解釈

「生産手段から移転される価値を零と考える」根拠は何か

破産したスターリン主義をその根底からのりこえていくためには、ソ連の自己解体の理論的根拠を、すなわちこの国の経済の建設にかんする理論的解明の誤謬を、われわれは徹底的にあばきだしていかなければならない。この理論的作業の一つとして、スターリン主義者による『資本論』の、なかんずくその価値論の、解釈のゆがみをえぐりだしていくことが問題となる。このゆがめられた解釈が、ソ連の経済建設解明の理論的基礎をなしていたからである。ソ連が自己解体をとげたうえに形成されている二一世紀現代世界に生き、この世界にたちむかっているわれわれ、このわれわれの今日的な問題意識のもとに、すでにさまざまなかたちで遂行されてきたこの理論的作業、スターリン主義経済学の誤謬をあばくというこの作業を、ふたたび、われわれはおこなうことが必要なのである。

ここでは、山本二三丸が一九六三年に出版した著書『価値論研究』（青木書店刊）――この本からの引用は頁数のみを記す――をとりあげる。その理由は、「価値形成的労働としての抽象的人間的労働の質」ということを、彼がことさらに強調しているからである。ここには、この当時ソ連において、社会主義の分配法則として明らかにされていた「労働の量と質におうじての分配」、これを、『資本論』解釈をもって理論的に基礎づける、という彼の意図、彼の基底的動機がうかがえるのである。国家＝党官僚や経済官僚と一般労働者とのあいだでものすごい格差がつけられていたその「賃金」、これを「労働の質」の違いにもとづくものであるとして正当化するというその意図が、である。「抽象的人間的労働の質」という規定をこしらえあげるために彼がもちだしているのが、「労働の熟練」「の社会的平均度」というマルクスの言葉なのである。

このゆえに、マルクスの価値論についての彼の解釈が検討されなければならない。

山本二三丸は、マルクスの次の文章を引用する。

「もし一商品の価値が、その商品の生産中に支出される労働の分量で規定されているとすれば、ある人が怠惰であるか不熟練であればあるほど、彼はその商品の仕上げにそれだけ多くの時間を要するというわけで、彼の商品はそれだけ価値が多いかに見えもしよう。けれども、諸価値の実体をなす労働は、同等な人間的労働であり、同じ人間的労働力の支出である。商品世界の諸価値で表示される社会の総労働力は、無数の個人的諸労働力から成立っているとはいえ、このばあいには一個同一の人間的労働力として意義をもつ。これらの個人的な諸労働力は、いずれも、それが社会的な平均労働力たる性格をおび、かかる社会的な平均労働力として作用し、したがってまた、一商品の生産において平均的に必要な・または社会的に必要な・労働時間を要するにすぎぬ限りは、他と同じ人間的労働力である。社会的に必要な労働時間とは、現存の社会的・標準的な生産諸条件と労働の熟練および強度の社会的な平均度とをもって、何らかの使用価値を生産するために必要とされる労働時間である。たとえば、イギリスで蒸気織機が採用されたのちは、ある与えられた分量の糸を織物に転形するために、おそらく以前の半分の労働で足りたであろう。イギリスの手織工はこの転形に、事実上では以前と同じ労働時間を要したのであるが、しかし彼の個人的な一労働時間の生産物は、今ではもはや、社会的な半労働時間しか表示しなかったのであり、したがって、それの従来の価値の半分に低下したのである。」（『資本論』第一巻、青木書店版、長谷部文雄訳、一一九〜一二〇頁）

山本は、ここで、「価値を形成する実体」たる労働について、「同じ人間的労働力の支出」であり、それは「社会的な平均労働力たる性格」をもつものである、とされていることが重要である、とし、社会的に平均的であることの説明は、「生産諸条件」と「労働の熟練および強度」との二つの部分より成っている、と捉えるのである。

そのうえで、次のような解釈を、彼は開陳するのである。

「およそなんらかの使用価値を生産するためには、かならず生産手段と労働力が必要であり、この両者のいわば「結合」によってはじめて生産物が生みだされる。したがって、「社会的・平均的」という規定は、この両者について当てはめられるものでなければならない。ところで、価値生産の点からみて、生産物価値を構成する右の二要素は、まったく相異なるはたらきをする。すなわち、生産手段の価値は労働のおかげでたんに生産物のうちに移転され、保存せしめられるにとどまるが、これに反し、労働力は、それ自身の価値のいかんにかかわらず、まったく新たに価値をつくり出すのである。それゆえ、生産手段の価値を一定とすれば、生産物の価値の大いさは、ひとえに、価値をつくりだす右の労働力の作用程度によって決定される。この場合、生産物の価値を決定するものは、人間的労働力の作用、すなわち、人間的労働である。このようにして、ともにひとしく生産物価値を形成するとはいえ、生産手段と労働力とでは、それらはまったく同じ役割を演ずるものではない。マルクスが重点をおいているのは、言うまでもなく、価値形成の主体たる人間的労働である。この場合、価値規定における主役は、人間的労働に、いいかえれば労働力にある。

だが、生産物は、労働力の支出、すなわち人間的労働のみによっては生産されえないし、また、生産手段なしには人間的労働力はそのものとして作用しえない。生産手段の役割、したがってそれが生産物価値に影響をおよぼすことは無視できない。そこで、マルクスは、「現存の社会的・標準的な生産諸条件」という言葉を用いて、たんなる人間的労働力の支出以外の生産物価値形成の諸要素を含ませると同時に、これらの生産の「客体的」諸条件をば、価値規定の要因から一応捨象しうるようにしたものである。すなわち、生産諸条件が社会的・平均的であるということは、人間的労働力が「社会的平均労働力」として作用しうることを制約すると同時に、たとえ同じ生産諸条件のもとで平均的労働力として作用することがない場合にも、生産物価値形成においては、いずれの場合にもそれらの価値がたんに移転＝保存されるにすぎないゆえに、これを零として考え、生産物価値形成に積極的に、能動的に作用するのは労働力だけであるということだけが明確にされるためにも、ぜひとも必要な要件と

なっているのである。」(一〇五〜一〇六頁)
生産手段から移転される価値については、「これを零として考え」る、とは、いかにも苦しい・苦心惨澹の解釈である。「それらの価値がたんに移転＝保存されるにすぎないゆえに」ということも、「これを零と考え」ることの、何の理由づけにもならない。

彼がこのようなはめにおちいるのは、商品価値にかんするマルクスの規定を、『資本論』でそれよりもあとで展開されているところの・資本の直接的生産過程についての諸規定でもって解釈していることにもとづくのである。『資本論』第一巻の第三篇「絶対的剰余価値の生産」に先立つ部分は、資本の直接的生産過程の絶対的基礎をなす商品＝労働市場にかんする諸規定を明らかにしたものだ、ということがおさえられていないのである。すなわち、第一巻第一篇第一章第一、二節における・商品の使用価値および価値についての諸規定は、或る商品が他の商品をみずからに等置する、という価値＝交換関係を前提的に措定して、このような価値関係に於《お》いてある商品を、本質論的かつ実体論的に解明したものだ、という方法論的考察が完全に欠如しているのである。

商品の価値の大いさが何によって決定されるのかを明らかにするために、マルクスは、他の商品と交換関係をとりむすんでいる商品をとりあげているのであり、この分析(上向的＝体系的展開における分析的叙述)においては、これらの商品に対象化されている労働が問題なのであって、生きた労働による価値の創造も生産手段からの価値の移転もまだ問題になっていないのであり、問題にならないのである。他の労働生産物をみずからに等置している或る労働生産物、つまり商品は、自然的なものと人間的労働との結合をなす、ということだけが問題なのであって、生産手段から移転される価値を零とする、も糞もないのである。あえて直接的に山本に対応して言うならば、価値関係をとりむすんでいる二商品、これらの商品にふくまれている労働が問題なのであるからして、ふくまれているこの労働のすべてが問題となるのである。そうでなければ、商品価値の大いさの規定にはならないのである。だからこそ、マルクスは、「一個同一の人間的労働力として意義をもつ」と言っているのである。このことが、山本には何らわかっていないのである。

他面からいうならば、彼の解釈は、『資本論』が＜総資本＝総労働＞という資本制生産の普遍的抽象のレベルにおいて明らかにされ叙述されているものである、という方法論的考察を、すなわちマルクスの認識＝思惟の営みに思いをはせることを、彼が放擲していることにもとづくのである。「商品世界の諸価値で表示される社会の総労働力は、無数の個人的諸労働力から成立っているとはいえ、このばあいには一個同一の人間的労働力として意義をもつ」という論述は、個人的諸労働力は社会の総労働力の直接の構成部分をなす、という抽象的諸規定のもとで、すなわち、全即個、個即全という本質論的なレベルにおいて、自分は叙述しているのだ、ということをマルクスが表明したものだ、といえるのである。

なお、『資本論』初版では、怠惰云々「見えもしよう。」のあとの、「けれども、諸価値の実体をなす労働は、……」から「……すぎぬ限りは、他と同じ人間的労働力である。」までがない。そのかわりに、「ところが、価値を形成するものとして計算にはいってくるのは、社会的に必要な労働時間にかぎられる。」とのみ書かれており、これを「社会的に必要な労働時間とは、……」というようにうけている――ここからは第二版でもそのまま生かされた――わけである（『初版 資本論』江夏美千穂訳、幻燈社書店刊、二二頁）。すなわち、「……一個同一の人間的労働力として意義をもつ。……」というくだりが、第二版で新たに書き加えられたのである。このことは、マルクスが、自分が理論的に解明しているところのその抽象のレベルをよりいっそう鮮明に記す、と同時に、諸価値の実体をなす労働の規定の内容をよりいっそうほりさげた、ということを意味するのである。

このことをば、商品の使用価値および価値を論じる出発点において、或る商品が他の商品をみずからに等置する、という価値関係が前提的に措定されている、ということとの関係においてみるならば、次のようにいえる。すなわち、現実的には諸商品のたえざる交換を媒介として、諸商品に対象化されている労働の量は社会的に平均的なものとなるのであるが、そのような・社会的に平均的なものとしての労働を、したがってそのようなものとしての労働力を、つまり全即個、個即全としての労働力を、ここでは前提とする、ということを、マルクスは言っているのだ、ということである。

それにもかかわらず、山本があらぬ苦しまぎれを演じてみせるのは、労働生産物としてすでにうみだされている商品の——他の商品との関係においてあるそれの——分析を、商品の生産される過程が論じられているものとして解釈しているからである。

「社会的に必要な労働時間とは、現存の社会的・標準的な生産諸条件と労働の熟練および強度の社会的な平均度とをもって、何らかの使用価値を生産するために必要とされる労働時間である」という規定にかんしては、「社会的に必要な労働時間」がまさに社会的に必要なものとして決定されうる物質的基礎を、マルクスは明らかにしたのであって、諸使用価値をどのような物質的諸条件のもとで生産するのか、ということそのものを、すなわち商品を生産する構造そのものを、彼が論じたのではない。「社会的・標準的な」とか「社会的平均度」とかという規定をあたえることができるのは、現存在する労働およびその諸条件の分析を資本制生産の普遍的抽象のレベルにまでほりさげているがゆえなのであり、そのことそれ自体を、第二版においてマルクスは書き記したのだ、といえる。

そして、イギリスでの蒸気織機の採用をマルクスが例示しているのは、「社会的に必要な労働時間」という概念的把握は、すなわち「抽象的人間労働」という規定は、だからまた「現存の社会的・標準的な生産諸条件と労働の熟練および強度の社会的な平均度」の措定は、機械制大工業にもとづく労働の単純化または単純労働の成立を物質的基礎とする、ということを彼が明らかにしたものにほかならない。

マルクス価値論を単純商品生産論とみなす解釈

ところが、山本二三丸は、さきに私が引用した部分の最後に、次の註をつけているのである。

「労働生産物の価値形成を考察するさいに客体的要素である生産手段が捨象されなければならない「理論的根拠」としては、二つ挙げられる。すなわち、その第一は、右に述べたように、生産手段の価値はたんに保存され、移転せしめられるだけであって、そこになんら新しい価値形成がなされないという事情である。生産物の価値がどのようにしてつくり出され、この大いさは何によってきまるか？という根本的問題を解く上には、生産物がつくり出される前から生産手段の中にすでに一定の量をもった価値が現存していたということは、なんら足しにならない。第二の「根拠」としては、単純商品について価値形成を考察する場合――価値の実体および大いさの問題は、単純商品生産についてのみ、すなわち資本制的諸関係を捨象することによってのみ、解明しえられるのであり、『資本論』第一巻第一章がこれを示している――客体的要素たる生産手段（道具、原材料、等々）は主体的要素たる人間的労働――この人間的労働力の所有者は同時に生産手段の所有者である――自身によって、いわばその過去の労働によって、つくり出されたものであり、したがって、価値形成の関係では、同じく人間的労働力に結びつけられうるものである。すなわち、生産手段の価値がどのようにしてつくられ、その大いさはどれだけかという問題は、この生産手段によってつくり出される労働生産物の価値形成の問題とまったく同じ性質のものであり、たんに現在と過去との時間的ずれが重なっているだけのことである。それゆえ、生産手段の価値が捨象されるのは当然である。なお、ここでは省いたが、生産手段以外の「生産諸条件」、たとえば労働方法その他の客体的諸要因についても、当面同様の関係にあることは、いうまでもない。」（一〇六～一〇七頁）

これを読むならば、わがスターリン主義者は、マルクスが『資本論』の第一巻第一篇第一章で展開している商品論＝価値論を、単純商品生産論として解釈している、ということがわかる。このような解釈は、スターリン主義者に伝統的な歴史主義的思考法にもとづくものである。すなわち、彼らは、『資本論』の体系的な論理的＝歴史的叙述を、単純商品生産から資本制商品生産への歴史的発展の過程を描いたものとして、まさに歴史主義的にゆがめて理解している、ということである。

この引用文の内容の問題性については、すでに私ののべた批判で足りる。ただ、こまかいことをつけくわえるとするならば、「現在と過去との時間的ずれが重なっている」というようなことをもまた苦しまぎれのひねりだしであって、「生産手段の価値が捨象される」とすることの理由づけに何の足しにもならない。生産された結果としての商品、他の商品と交換関係をとりむすんでいる商品、この商品の諸規定を、商品生産論として解釈するがゆえにこそ、彼は姑息な理論的手品をあみだすことに腐心することになるのである。このことについてはすでにのべた。価値関係にある商品を問題とするかぎり、この商品に対象化されている労働を分析することが必要なのであって、物質的対象に労働力が対象化されたのが現在完了であるのか過去完了であるのかということはどうでもよいことなのである。

マルクスの価値論を単純商品生産論と彼がみなすのは、おそらく、『資本論』の第一巻第一篇第一章では資本家（および賃労働者と呼称された賃労働者）が出てこないからであろう。マルクスのそこでの展開を、商品を生産する過程、すなわち価値がうみだされる過程の論述として読んだうえで、資本と賃労働との関係が論じられていないのだからこれは単純商品生産にかんする解明だ、というように彼は解釈したのであろう。「価値の実体および大いさの問題は、単純商品生産についてのみ、すなわち資本制的諸関係を捨象することによってのみ、解明しえられる」と彼が書いているのをみるかぎり、このように推測することができる。

だが、『資本論』の第一巻第一篇第一章で論じられている商品、他の商品と交換関係をとりむすんでいる商品、この商品に対象化されている労働は、プロレタリアの疎外された労働、賃労働なのである。マルクスがプロレタリアの疎外された労働をおもいうかべつつこれを基礎にして商品価値の問題を論じていることは、イギリスでの蒸気織機の採用を例示していることからしても明らかであろう。マルクスは資本制的諸関係を捨象しているのではなく、資本制生産関係を、だからブルジョアジーとプロレタリアートとの階級関係を、または資本と賃労働との資本関係を、まさに措定しているのであり、この生産関係を、商品と商品との関係として、すなわち物と物との関係として、その物化された形態において明らかにしているのである。第一章第一節の第二パラグラフ以下では、——第一パラグラフは資本制経済本質論の始元をなすのであり、そこで論じられている商品は始元的商品として、直接的には労働力商品をあらわし、媒介的にはこの労働力商品の担い手である賃労働者によって生産された商品、つまり資本制商品をさす（『資本論以後百年』参照）のであるが、——商品を論理的に抽象的に論じる、すなわち資本制商品から抽象された端緒的商品の諸規定を明らかにするのであるがゆえに、資本と賃労働との物的関係をそのものとしてまだ、マルクスは論じてはいないだけのことである。そして、まさにこの抽象性のゆえに、端緒的商品の諸規定は、歴史的過去に実存した単純商品にも妥当するのである。

二　「価値を形成する労働の質」とは？

労働の熟練度の差異をみちびきいれた解釈

マルクス商品論の・単純商品生産論としての解釈、このような解釈に立脚してうちだされているのが、「価値形成的労働の「質」の問題」の講釈なのである。

山本二三丸は言う。

「価値を形成する労働である抽象的人間的労働は、「人間の脳髄、筋肉、神経、手等々の一般的な生産的支出」である。だが、同じ「一般的な生産的支出」というものの、それはすべて等質のものであるとはかぎらない。同じ商品を生産する場合、甲の「一般的な生産的支出」一時間がつくり出す生産物量と乙の「一般的な生産的支出」一時間がつくりだす生産物量とはちがいうる。同じ「一般的な生産的支出」とはいえ、その間に質的差異があるのである。だが、価値を形成する労働としては、抽象的人間労働は、すべて等質のものでなければならない。あるいは、すこしく表現をかえていうならば、どの人間の抽象的人間的労働も、ある一定の質を基準として相互に比較され、換算されうるものでなければならない。ここに当然、価値形成的労働としての抽象的人間的労働の質の問題が生じてくるのである。

では、抽象的人間的労働の質はなにによってきまるか？　それは、「人間の脳髄、筋肉、手などの一般的な生産的支出」における品質（quality）と密度、すなわち労働の熟練と強度である。

まず、労働の強度は、単位時間内にどれだけの労働が流動させせられるかという、「一般的な生産的支出」の密度、いわば「濃度」を示すものである。……この場合、単位生産物に対象化する労働量には変わりなく、したがって、単位当たり商品価値はもとのままである。生産物量が増大することによって、価値量は増加する。

これにたいして、労働の熟練は、抽象的人間的労働のいわば「作用度」を示すものである。一定密度の労働を一定時間支出して、それがどれだけの量の生産物をつくり出すかという問題である。単位時間内に流動せしめられる労働量、労働支出量には変化がない。その同じ労働支出量が対象化する生産物量に変化があるのである。労働の熟練度の差異により、同じ強度の一労働時間が、一方は他方の、たとえば二倍の生産物を生み出す。生産物総量の価値は同じであるが、生産物量の差異により、一方の単位生産物は他方の二分の一の価値を有することになる。これを別の面からみれば、より少量の労働をもって同じ単位生産物を生み出すことになる。労働の熟練が、労働の生産力の主要な一契機をなしていることは、これによっても明らかである。」（二四四〜四五頁）

「このような抽象的人間的労働の社会的な「質的規定」こそ、実に、マルクスの価値規定における眼目をなすものということができるのである。」（二四六頁）

ここで、山本は、抽象的人間労働の質の問題が問題であるとし、基本的には労働の熟練度によって決定されるその質的差異が一定の質を基準として換算され等質のものにされなければならない、としているのである。

だが、抽象的人間労働と労働の熟練度の差異とは、直接には何の関係もない。「抽象的人間的労働の質」というような規定をこしらえあげてこの両者を直接的に結びつけるのは、「価値を形成する労働」というかたちで、単純商品生産者が商品を生産する過程を、つまり価値を形成する過程をおもいうかべて、単純商品生産者のこの労働が、価値を形成するものとしては抽象的人間的労働である、というように、マルクスの論述を山本が解釈しているからである。

だが、商品に対象化されている労働が、価値＝交換関係を媒介として、商品価値の大いさと関連しては、抽象的人間労働という規定をうけとるのである。現実的には、諸商品のたえざる交換を媒介として、これらの商品に対象化されている労働の量が社会的に平均的なものとなるのである。このようなものとしての労働を、マルクスは抽象的人間労働と規定したのであり、この抽象的人間労働の量を価値の大いさを決定するものとして、「社会的に必要な労働時間」というように明らかにしたのである。そしてマルクスは、このような規定が唯物論的な抽象にもとづくものであることをしめすために、「社会的に必要な労働時間」という規定を、商品を生産する過程に妥当させ、「現存の社会的・標準的な生産諸条件と労働の熟練および強度の社会的な平均度とをもって」するそれにあたる、ということを明らかにしたのである。そのうえでさらに、機械制大工業にもとづいてうみだされている単純労働が、抽象的人間労働という概念の物質的基礎をなす、ということを明示するために、イギリスでの蒸気織機の採用という事例に彼は言及したのである。

だから、労働の熟練度の差異というようなことをマルクスは問題にしていないのであり、問題にならないのである。このことは、二つの角度からいえる。

一つは、マルクスのこの論述は、資本制生産の普遍的本質論という理論的レベルにおける、すなわち∧総資本＝総労働∨という普遍的抽象のレベルにおける解明だ、ということである。このことをしめすためにこそ、マルクスは、「社会的な平均度」ということを言っているのであり、「商品世界の諸価値で表示される社会の総労働力は、無数の個人的諸労働力から成立っているとはいえ、このばあいには一個同一の人間的労働力として意義をもつ」と明記しているのである。このことについては私はすでにのべた。

だから、「人間の脳髄、筋肉、神経、手等々の一般的な生産的支出」には、甲と乙とのあいだで質的差異がある、というようなことを言うことそれ自体がおかしいのである。差異を措定するのであるならば、「一般的な」とはならないのである。――山本は、マルクスが書いた一句にわざわざ「一般的な」という語を附加しているのであるが、この附加は誤りではなく、――マルクスの言う「人間的労働一般の支出」、ここにあたえられている「一般の」という表現は、全即個、個即全という本質論のレベルにおいてこれを論じているのだ、ということをマルクスが明らかにしているものなのである。

二つ目。抽象的人間労働は、商品に対象化されている労働が価値＝交換関係を媒介としてうけとる一規定であるのにたいして、熟練は、労働過程における生きた労働の技術学的規定にかかわるのである。両者は、分析する対象とアプローチのしかたとが異なるのである。

だからまた、「人間の脳髄、筋肉、神経、手、などの生産的支出」は、それ自体としては、人間の生きた労働の規定をなすのであって、対象化された労働の一規定をなす・抽象的人間労働をこれと等置してはならないのである。「商品の価値は、人間的労働それ自体を、人間的労働一般の支出を、表示する」とマルクスは書いているのであるが、ここで「表示する」と表現している彼の意をくんで、抽象的人間労働は、これを生きた労働との関係において捉えかえすならば、人間的労働一般の支出として意義をもつ、というように、われわれは把握すべきなのである。マルクスが、抽象的人間労働を、生きた労働の規定として書いているところがあるとしてもそうである。

スタハノフ運動の基礎づけ？

山本の誤謬は、商品に表示される労働の二重性、すなわち、商品に対象化されている労働が、価値＝交換関係を媒介としてうけとるに規定をなす、具体的有用労働および抽象的人間労働、これを「使用価値を生み出す具体的労働」と「価値を生み出す抽象的人間的労働」というように人格化して捉え、しかもこの両者を生産関係の刻印をうけていないものとして超歴史化している、つまりこの両者を歴史貫通的なものとして把握していることにある。

山本は言う。

「マルクスは、商品を生産する労働について、相互に質を異にする具体的労働を捨象することによって、たんなる労働をば等質の、抽象的労働にまで掘り下げたのであって、このようにして得られた抽象的労働こそ、ほかならぬ価値の実体なのである。」（四〇頁）

「価値の実体たる抽象的人間的労働は、それがまさしく抽象的労働であるがゆえに、かえってそれ自身においては、特定の生産関係の刻印を受けたものであるということはできない。このような「刻印」をばそれ自身帯びていないところに、抽象的労働の抽象的性格があるのである。もちろん、労働は必ず一定の生産関係のもとでおこなわれなければならないし、したがってまた当然、種々の点において生産関係の制約をこうむらざるをえない。しかし、一定の生産関係が、労働の上に「刻印される」のは事実であるとしても、その「刻印」はけっして抽象的労働そのものの上に押されるのではなく、むしろ、抽象的労働が価値として労働生産物の中に対象化するという点にこそ、生産関係の「刻印」が認められねばならないのである。すなわち、生産関係は、それがそのまま、価値の実体をなす抽象的労働そのものの上に刻印を押すというものではけっしてなく、むしろ反対に、かの抽象的人間的労働が対象化され、それが商品そのものの価値としてあらわれるところに、生産関係がはじめてあらわれるのである。」（四〇〜四一頁）

「「抽象的人間的労働」がたんに商品生産社会のみならず、およそ人間の生存するかぎり、どの社会においても具体的労働と相並んで——厳密に言えば、これと統一体を成して——存在しなければならず、またかならず、これとあわせて考慮にいれられなければならない」（二三七頁）。これを読むならば、山本が、抽象的人間労働を生きた労働として捉え、これを踏み台として、その労働を超歴史化したうえで、そのような労働が対象化され商品価値としてあらわれるところに生産関係があらわれるのだ、というように把握していることがわかる。

後の引用文では、彼は、「抽象的人間的労働」および「具体的労働」という概念それ自体を実体化しかつ実在化して捉え、――すなわち、われわれの思惟の内容をなすこれらの概念それ自体が、あたかもその辺に転がっている石ころのように、現実世界に実在している、とみなし、――実在的なものである両者が統一体を成して、いつの時代にも存在しなければならない、としているわけなのである。

ところで、この引用部分の最初のほうにみられる「相互に質を異にする具体的労働」という表現、このばあいの「質」と、さきにみた、「一般的な生産的支出」一時間がつくりだす生産物量が甲と乙とでは違うという意味での「質的差異」の「質」とは、意味が異なる。後者は、「同じ商品を生産する場合」のことがら、すなわち同一種類の労働にかんしてその労働が生産する生産物量の違いをさして「質」とよばれているのにたいして、前者は――種類を異にする使用価値をつくりだす具体的労働というように理解されたところの――労働の種類の違いをさして「質」と呼称されているからである。後者の「質」の意味のなかに、種類の違いという意味だけではなく、前者の意味をも、山本がこめているのかもしれないとしても、そうである。

しかも、たとえ同一労働部門における生きた労働を問題にするのであるとしても、単位時間での甲と乙の生産物量の違いというのでは、あまりにもイメージの貧困なものでしかない。山本は、単純商品生産を想定して論じているからであろうが、ほぼ同じ生産諸条件のもとでの甲と乙との個人差のようなものを「質的差異」とよんでいるだけなのである。これは労働の技術性の規定でもない。同一労働部門においてヨリ高度な技術性をもつ生産諸手段、とりわけ労働諸手段を、使いこなしうるかどうか、という意味での労働の技術性を、彼は問題にしているわけではないのである。だからといって、熟練という用語それ自体がもつ意味、すなわち、或る労働の技術性を当該の労働者が習得しているのか、それとも習得の途上にあるのか、ということ、このことを、彼は論じているわけでもないのである。

だから、彼は、実際には、スターリンの指導のもとに開始され推進されてきたスタハノフ運動をイメージしていたのかもしれない。炭鉱労働者であったスタハノフは、同じ時間内に他の労働者の十何倍もの石炭を掘りだした、ということでもって賞賛され「労働英雄」にまつりあげられた。その後、それぞれの生産部門で同様の人物がみいだされ（それらの記録はでっち上げ）、労働者たちは、それをみならえ、と駆りたてられた。これがその運動である。このばあいには、それぞれの職場では、労働者たちは、同じ物を物質的対象として・同じ機械ないし道具を使って・同じ生産物をつくりだしていたのであり、彼らには、出来高におうじて賃金が支払われていたわけである。現実には、労働者にものすごい労働強度の労働が強制されていたのであるが、労働者個々人のその達成度合い、つまり出来高の違いを、これは労働の強度の違いつまり労働の支出量の違いにもとづくものではなく、労働の作用度＝品質＝熟練の違いにもとづくものなのだ、というように理論的に基礎づけるという動機が、彼をつきうごかしていたのではないか、ということである。

さらには、この「品質」という表現を踏み台にして、党・国家の指導者たちや国有企業の経営＝技術指導者たちの労働は、それ自体品質の高いものである、というように暗黙のうちに基礎づける、という意図が、彼にはあったのではないか、と推察されるのである。

三　「……として意義をもつ」の論理を貫徹しない遊部久蔵の解釈

山本二三丸は、いまみてきた本において、遊部久蔵を、目の敵のようにして批判している。彼がこのような気持ちにおそわれるのはなぜなのかは、よくわからない。山本が、マルクスの価値論＝商品論を単純商品生産論とみなしているのにたいして、遊部は、それを、資本制生産を前提としたものである、としているからかもしれない。あるいはまた、遊部が――『資本論』の訳者である長谷部文雄によって「ヘーゲル禍」とよばれたように――ヘーゲルの論理に依拠していることが、山本の気に入らなかったのかもしれない。とにかく、当時気を吐いたスターリン主義学者の一人として山本は、他の一人である遊部にはりあっているわけである。

黒田寛一から、マルクスの gelten als（……として意義をもつ）の論理を学んだわれわれとしては、遊部久蔵は、その著『価値論と史的唯物論』（弘文堂、一九五〇年刊）において、マルクスの価値形態論を、そこで駆使されているこの論理を抽出しつつ解釈した人物として注目に値する。彼は、スターリン論文（『ソ同盟における社会主義の経済的諸問題』一九五二年）を契機に、マルクス商品論は単純商品生産論である、とする解釈にひっくりかえってしまったのであったが、ここでは、そうである、ということをおさえておきさえすればよいであろう。

遊部のマルクス価値論解釈への山本の批判は、矛盾点をついたり、自説にみちびくように論理展開したりしているだけであって、私がこれまでのべてきたことより以上にそれを検討する価値はない。

ここでは、遊部の主張がどのようなものであるのかをみることを課題とする。

山本が引用しているのとまったく同じところを以下引用する。

遊部は、「社会的に必要な労働時間」にかんするマルクスの規定を引用したうえで言う。

「したがって同一種類の商品を生産するに要する労働時間の差異をもたらす主観的条件（勤惰、熟練不熟練）や客観的条件（労働条件）の差異はこの際捨象される。さきに（交換）価値の比率を規制するものは労働時間の比率であると述べたが、この労働時間たるや右の如き社会的必要労働時間である。しからばいかにして社会的必要労働という範疇は可能であるか？

蓋し社会の総労働力は無数の個人的諸労働力から成り立っているが、それは商品世界の価値に関連するものとしては、一個同一の人間的労働力としての意味をもち、個々の個人的労働力は一つの社会的な平均労働力たる性格を帯び、且つかかる社会的な平均労働力として作用するからである。

一定生産部門の社会的必要労働時間とは前述の如く該生産部門全体について生産諸条件と労働の熟練及び強度の程度とを平均化したものを云うのであるが、それは結局当該生産部門の生産物中最大多数を供給する企業の個別的・生産諸条件と労働の熟練及強度とによって代表されうる。したがって社会的必要労働時間は該生産部門の生産物中最大多数を供給する企業の個別的労働時間に一致する傾向がある。

これを例示すると左の如くである。

一定生産部門に関してA、B、Cの三企業があり生産諸条件と労働の熟練及強度とがそれぞれの企業について優等、中等、劣等であるとする。そしてA、B、Cそれぞれの企業において一個当りに要する労働時間（個別的労働時間）を二、五、八時間とする。そして該生産部門の生産物総額は五〇個であって、そのうちA、B、Cの占める割合が一〇、三〇、一〇個であるとすると、その生産物一個当りの社会的必要労働時間は五時間となるであろう。蓋しA、B、Cの個別的総労働時間はそれぞれ二〇（2×10）、一五〇（5×30）、八〇（8×10）時間であるから、当該生産部門の総労働時間は二五〇時間となる。これを総個数五〇で除すと五時間が平均的に要する労働時間としてでてくるであろう。しかるにこの平均的必要労働時間（五時間）は丁度当該生産部門において三〇個（六〇％）と最大多数を占める企業Bの個別的労働時間（五時間）と丁度一致するのである。……

もちろん中位の企業（B）がいつでも生産物の最大多数を供給するとはかぎらない。A又はCが最大多数を供給することもあるであろう。これは右の問題を解明する上に一向差支えない。要はいずれの企業であっても、最大多数の生産物を供給する企業の個別的労働時間が社会的・平均的労働時間を規制する傾きがあるということである。

このようにそれぞれの企業の個別的労働時間によって規定された商品価値を「個別的価値」と呼び、社会的必要労働時間によって規定された価値を「社会的価値」と呼ぶ。この社会的価値の規定はいまだに簡単な商品の価値規定に属するものであるが、資本制生産関係があらわれると社会的価値は市場価値に転化する。この両者は内容を同じくする。ただ後者は前者のより具体的に展開された形態である。(第七章第一節をみよ。)

さきに我々は社会的必要労働という範疇がいかにして成立するかをみた。そこで述べられたかぎりでは一見社会的必要労働とはあたかも思惟の上でのみ得られる理論的なものとして考えられるかもしれぬが、決してそうではない。このことは社会的価値の右の例解によってもほぼ推察されうるところであろうが、要するに各生産部門に関して価値を規定する労働が現存の社会の標準的生産諸条件と労働の熟練及び強度の平均程度とによって規制されるということは、現実の資本制社会において各生産部門ごとに生産諸条件の標準化と労働の熟練及び強度の平均化とが行われることを意味する。むろんこれは各部門について完全に行われるものではないが、各生産部門の生産物の最大多数がほぼ同等の生産諸条件とほぼ同等の労働の熟練及び強度とを有する諸企業――だからしてこれらの諸企業はこれを一括して一つの企業と見做してもよい――によって供給されるところまでは進むであろう。このような段階にいたって、社会的必要労働――社会的価値は「始めて実際的に真実に」あらわれるのである。この点、「抽象的労働」についてと同様である。いな、「抽象的労働」は実はこのような意味での「社会的必要労働」と相関関係にあるのである。両者とも大工業の相当の発展段階を前提としてその上で商品価値(市場価値)の一方は質的、一方は量的規定をなすのである。

しかるに前資本主義経済から資本主義経済への過渡期においては、様々の生産諸条件と労働の熟練及強度の様々の程度とが存することがむしろ常態的であって、この場合には範疇として社会的必要労働――社会的価値の成立は困難である。

したがって「社会的必要労働」という範疇の定立には完全に発達した商品生産即ち資本制生産が前提されるのである。いわゆる労働価値説が資本主義経済の成立過程にうまれたということは決して偶然ではなかった。「相互に独立して営まれる・しかし社会的分業の自然発生的な諸環として相互に全面的に依存しあっている・私的諸労働は、たえずそれらの社会的・比率的な尺度に還元される――けだし、偶然的でつねに動揺している私的諸労働の諸生産物の諸々の交換関係においては、それらの生産のために社会的に必要な労働時間が、たとえば家が頭上に崩れ落ちる場合の重力の法則のように、規制的な自然法則として暴力的に自己を貫徹するから――という科学的な洞見が経験から生ずるためには、その前に、完全に発達した商品生産が必要である。」かくしていわゆる労働価値説が十八世紀中葉より十九世紀初頭にかけてほぼ完成された形態であらわれ得た理由はここにもとめられねばならぬが、このことは同時に範疇としての「社会的必要労働」の独自の歴史的性格――実存規定――を示すものである。（なお社会的必要労働の例解に、マルクスによって周知の如くイギリスの織物業における蒸気織機の採用がとりあげられていることに注目する必要がある。）」（遊部久蔵『価値と価格』青木書店、一九四八年刊、一〇三～一〇六頁）

一定の生産部門にかんして、生産諸条件と労働の熟練および強度とが優等、中等、劣等である三企業を措定して、商品価値の大いさが決定される構造を論じることをもって、「社会的に必要な労働時間」についてのマルクスの規定を説明する、ということが、ここでの特質をなす。これは、遊部自身が「市場価値」という用語を使っているように、自覚的に、『資本論』の第三巻で展開されている「市場価値」論でもって、第一巻のはじめの商品価値にかんする論述を解釈する、というものである。

に解釈することを正当なものと考えているのであろう。

「かくして始原としての商品からの出発は同時に終点としての資本からの出発ということとなり、商品からの前進は資本からの復帰ということとなり、前進即復帰、復帰即前進となる。これはまさに円環運動そのものである。」(同前、五二頁)

これでは、閉じた円環運動にしかならないのであるが、そうであるかぎり、第一巻のはじめの論述を、第三巻での展開内容でもって説明したとしても、それを、前進即復帰、復帰即前進の論理構造にふまえたものとして、彼は自己確認するのであろう。

もっとも、このような解釈であったとしても、冒頭の商品にかんする次のような理解は、商品価値にかんする論述を単純商品生産論とみなす歴史主義的な解釈よりもすぐれている、といえる。

「我々は結論に達した。「資本論」劈頭の商品はやはり現実の資本主義社会における商品である。だがその最も抽象的な形態である。したがってもとよりそれには資本制生産関係――その根本的標識としての労働力の商品化、換言すれば商品が資本によって生産される商品であるということ――が捨象されている。事実、「資本論」の叙述の進行はこれを裏書きしている。商品、貨幣、貨幣の資本化……。だがこの際注意されねばならぬのは、かかる捨象が単に主観的操作――とくに価値認識のための便宜的手段――として行われるものではないということである。これは後述するが、「資本論」劈頭の簡単な商品の価値規定が単なる理論的仮定でないということを強調するのあまり、あやまって劈頭の商品をそのまま歴史的単純商品として解するに至る如く、一方劈頭の商品が捨象性における資本制商品であることを強調するのあまり、その観念的存在たることを力言するに至り、あやまってかかる捨象を単に理論的操作としてのみ解する立場があり、ともに謬論たるを失わぬ。大約今日までのすべての論者はかかるいずれかの謬論に堕している。」（同前、六〇〜六一頁）

ここに言う、二つの謬論を克服するものとして提示されているのが、先に引用した展開であるといえる。このようにふりかえるならば、三企業の措定も、「完全に発達した商品経済」の強調も、またイギリスにおける蒸気織機の採用という例解への注目も、すべては、「劈頭の商品はやはり現実の資本主義社会における商品である」という自己の主張に裏づけをあたえることを意図したものである、ということがわかる。

だが、商品価値にかんしての、三企業をもちだしての解釈は、『資本論』の体系的展開についての唯物論的な方法論的省察を欠いたものである、といわなければならない。『資本論』は、資本制生産を〈総資本＝総労働〉という普遍的抽象のレベルにおいて解明したものなのであるが、その第三巻での諸規定は、総資本の構成部分としての諸資本を措定して、より一歩具体的なかたちで解明されているということ、したがって、後者の諸規定を第一巻のなかにもちこむことはできないということ、このことがおさえられていないのである。

商品の価値の大いさが何によって決定されるのかを明らかにすることとは、資本の直接的生産過程の絶対的基礎をなす商品＝労働市場の解明にかかわる。これにたいして、市場価値にかんしては、資本の直接的生産過程の諸規定および資本の流通過程の諸規定を明らかにしたうえで、これらを基礎にしてはじめて解明しうるのであり、しかも剰余価値の利潤への転形と諸生産部門間での利潤率の均等化、つまり価値の生産価格への転化を明らかにしたことに立脚して、ここから或る一定の生産部門をふりかえる、というかたちで解明されるのである。資本の有機的構成の異なる三つの生産過程を措定し、流通過程における商品交換を、だから市場価格の変動を媒介として、当該の生産部門の商品の価値が決定される構造が、つまりは市場価値の決定の構造が、明らかにされるのである。したがって、このような市場価値にかんする解明を、資本の直接的生産過程の諸規定をまだ明らかにしてはいない・商品価値についての論述のなかにもちこむことはできないのである。たとえ、資本の有機的構成の違いそのものではなく、それを、生産諸条件と労働の熟練および強度の違いというかたちで少しばかり抽象的にとりあげるのだとしても、そうである。いずれにしてもそのような違いにかんしては、直接的生産過程の主客両契機を措定し、それの構造を明らかにしないことには、優等、中等、劣等というような規定をあたえることはできないからである。

それにもかかわらず、遊部が独自の解釈を披瀝するのは、マルクスは、生産諸条件と労働の熟練および強度の程度の違いを措定し、その平均化を論じたのではない、ということ、すなわち、当該の規定は、そうした違いをすべて捨象する、〈総資本＝総労働〉という普遍的抽象のレベルにおいて自分は論じるのだ、とマルクスが表明したものである、ということ、このことをつかみとっていないからである。

そもそも、或る一定の生産部門だけをとりあげたのでは、商品価値にかんする解明には何らならない。種類の異なる二商品の関係が問題なのである。或る商品が他の商品をみずからに等置する、という価値＝交換関係を措定することこそが問題なのである。遊部は、この本を書いた二年後の一九五〇年の『価値論と史的唯物論』では、マルクスの gelten als （……として意義をもつ）の論理に自分は着目したのだ、ということを書いているにもかかわらず、だからこの時点ではすでに着目していたはずであるにもかかわらず、「社会的必要労働時間」の解釈では、価値関係の措定が完全に欠如しているのである。彼は、書物を読むとき、書かれてあることを単元ごとにバラバラに理解するという、単元学習の陥穽におちいっていたのであろうか。

A商品がB商品をみずからに等置する、そうすることによってみずからの価値をB商品の使用価値であらわす。B商品の使用価値は、A商品の価値の鏡となる、B商品の使用価値は価値として意義をもつ。このような価値関係を前提的に措定して、このような価値関係のもとにある或る商品をマルクスはとりあげているのだ、というおさえが、遊部には完全に欠如しているのである。

右のように価値関係を前提的に措定するかぎり、諸商品に対象化されている労働は、総労働の構成部分として、全即個、個即全をなすものとして、とりあつかわれるのである。現実的には、諸商品のたえざる交換を媒介として、これらの諸商品にふくまれている労働の量は社会的に平均的なものとなるのであるが、このように平均的なものとなっている労働の量が、マルクスの論述の出発点において措定されているということに、それはほかならない。だから、商品価値の大いさを規定する論述においては、諸条件の異なる三企業を措定する、というような余地はないのである。

諸条件の違いそのものを遊部が措定したのは、マルクスが商品に対象化されている労働の量にかんして論じていることがらを、すなわち、直接には、自分が論じている抽象のレベルを明らかにしている一句を、商品生産そのものにかんする論述として解釈したからである。山本にたいする遊部の違いは、マルクスの展開を、前者が単純商品生産論として解釈したのにたいして、後者が資本制商品生産論として解釈したことにあるわけなのである。いずれにしても、マルクスがそのあとで展開している諸規定の一端をもちだしてきて、『資本論』の第一巻第一篇第一章第一、二節の論述を解釈するのであるかぎり、何らかのことを言うのは容易なのである。困難は、他の商品と交換関係をとりむすんでいる商品、この商品に対象化されている労働そのものを論じることにある。

二〇一六年五月二八日

III　われわれの現在的課題は何か

一　ソビエトを創造するわれわれの実践を解明するために

〔1〕現代プロレタリア革命論の中心課題はソビエト（労働者評議会）創造の論理の解明である

マルクス＝エンゲルスは『共産党宣言』を書いてイデオロギー闘争をやった。レーニンは『国家と革命』を書いてイデオロギー闘争をやった。われわれは、大衆運動の方針だけを解明し、それをめぐってイデオロギー闘争をやっていればよい、ということは決してない。

二一世紀現代において、全世界のプロレタリアートがおのれの任務とするのはプロレタリア世界革命の実現であり、あらゆる国のプロレタリアートは、自国のブルジョア国家権力を打倒し、プロレタリアート独裁権力を樹立しなければならない。

ここにおいて決定的に重要となるのは、プロレタリアートがみずからを階級として組織する組織形態であり、ブルジョア国家権力を打倒する革命闘争の機関であって、そしてプロレタリアート独裁権力の実体的基礎をなすソビエト（労働者評議会）、このソビエトをどのように創造するのかという、われわれの実践の論理を、われわれが主体的に解明することである。

そのばあいに、出発点――ソビエトを創造する出発点であると同時にわれわれが解明する出発点――として、職場ソビエト（職場労働者評議会）・および・おおよそ市規模の業種別ソビエト（業種別労働者評議会）をどのように創造するのか、という論理を解明しなければならない。「おおよそ市規模」と表現したのは市をまたがるばあいがあるからである。

現代における諸企業は、多くの下請け・孫請け企業群を抱えているか、あるいは、自工場内に多くの社外工や業務委託先の労働者たちを抱えているかする。製造業の資本家どもは、こうした下請け・孫請け企業に、そして社外工や業務委託先の労働者として、外国人労働者をどしどし導入している。これらの労働者たちは――日本人の労働者たちをふくめて――、低賃金と過酷な労働に苦しめられているのである。彼らは、労働組合を結成しえないまでにバラバラに分断されているのであり、「連合」の労働貴族どもは、彼らの搾取が強化されることが日本経済の発展に資する、と考えているのである。

すでにヨーロッパ諸国では、これらの下層の労働者を移民の労働者が占めるようになっているのである。その比率は、日本よりも圧倒的に大きい。

われわれプロレタリア党は、わが党員がそのイデオロギー闘争の力と組織力を最大限に発揮して、すでに強化してきている労働組合を基盤にしつつ、親企業の労働者だけではなく、これらの下請け・孫請け企業の労働者や、社外工・業務委託先の労働者をふくめて、すべての労働者を組織して職場ソビエト（職場労働者評議会）を結成し、わが党員たちや左翼フラクションのメンバーたちやそしてこの闘いの過程で成長した労働者たちが中心となって、その代表機関を創造しなければならない。

それとともに、わが党員は、同業種の労働者として当面する闘争をめぐって労働組合間の連携をとってきていることを基盤として、おおよそ市規模の業種別ソビエト（業種別労働者評議会）を結成しなければならない。結成された市規模のこの業種別ソビエトは、諸企業の垣根をなくし、したがって既存の諸企業を解体し、経営者たちや管理者たちを一労働者として働かせて、市規模の当該業種のすべての労働と生産とそして他の業種・諸産業との連携を管理し遂行しなければならない。

そして、わがプロレタリア党と党員とソビエトの成員たちは、ただちに全国ソビエト（全国労働者評議会）の結成へと闘いをおしすすめていかなければならない。

これが出発点をなすのである。

二〇二四年一〇月三〇日

〔2〕わが同志たちは自己の意識を立体的に三重化することの体得と自己訓練をやろう

自己の意識を二重化することを体得したわが同志たちは、自己の意識を三重化することを体得する必要がある、と私は考える。

われわれはプロレタリア革命を実現するためにどのようにソビエトを創造すべきなのかということを構想し同志たちと論議すること、このときの自分の意識、そして左翼フラクションのメンバーにするために組合員と論議すること、このときの自分の意識、さらに組合運動を組織するために当面の闘いとその方針をめぐって組合員たちや組合役員たちと論議すること、このときの自分の意識、この三者の自分の意識を、われわれは分化し立体化するかたちで自分の内部につくらなければならない。

われわれの活動形態という側から言えば、第一のものは、わが党員が党員として活動すること、すなわち独自活動を展開することであり、そして第二のものは、わが党員が、同時に組合員であるところの党員として活動すること、すなわちフラクション活動を展開することであり、さらに第三のものは、わが党員が、同時に党員であるところの組合員として活動すること、すなわち独特な職場闘争ないし独特な組合活動を展開することである。

若いわが同志たちは、わが組織を強化拡大するぞ、という熱情と意志にもえて、左翼フラクションの新たなメンバーを創造するために目的意識的に活動している。これは、きわめて重要なことである。

さらに、わが同志たちは、自分の意識を、この三者を立体的にするかたちにおいてつくることによって、プロレタリア革命を実現するためにソビエトをどのようにして創造するのかという論理をよりいっそう目的意識的に追求する意欲とバネを自分自身のうちにわきたたせることができるのである。これは、一番目の活動にかかわるのである。

また、若い同志のばあいには、左翼フラクションの新たなメンバーにするために組合員をオルグするという意欲にみなぎっているあまりに、このことに比しては、左翼フラクションのメンバーに早急にできる見こみのない組合役員たちをどのように変革するのかということを構想し実践するのが弱くなる、ということもうみだされるのである。労働組合そのものを強化していくためには、当面する闘いの方針と組合の団結の強化をめぐって組合役員たちと柔軟に論議し、彼らを一歩一歩着実に変革していかなければならない。これは、三番目の活動にかかわるのである。

われわれは、自己の意識を立体的に三重化し、三つの形態の活動を統一的に展開しよう。

二〇二四年一〇月三〇日

〔3〕 二一世紀現代において実現すべきあらゆる革命はプロレタリア革命である

全世界のプロレタリアートとプロレタリア世界党は、資本による労働の搾取を廃絶し、労働者階級の解放をかちとるために、プロレタリア世界革命を実現しなければならない。各国のプロレタリアートと、プロレタリア世界党の支部をなす各国のプロレタリア党は、プロレタリア世界革命の立場にたって、自国のブルジョアジーをうちたおす革命を遂行しなければならない。

二一世紀現代においては、一九九一年の現代ソ連邦の崩壊を結節点として、アメリカを中心とする帝国主義経済が、スターリン主義政治経済体制をなしていたソ連およびソ連圏の諸国をのみこんで、一つの帝国主義世界経済が成立している。各国の政治経済構造は、従来からの帝国主義経済ないし資本主義経済であるか、あるいは、スターリン主義政治経済体制から転化した帝国主義経済ないし資本主義経済であるか、のいずれかである。スターリン主義官僚であった者どもは、スターリン主義政治経済体制を解体して、これを資本主義的な政治経済構造に改編し、みずからが資本家的官僚あるいは官僚資本家に成り上がったのだからである。中国およびロシアは、二一世紀初頭には、帝国主義としての経済的基礎を確立したのである。

このような政治経済構造を基礎にして成立している各国の国家もまた、従来からの帝国主義国家ないし資本主義国家であるか、あるいは、スターリン主義官僚専制国家から転化した帝国主義国家ないし資本主義国家であるか、のいずれかである。これらの諸国家の統治形態はさまざまであるけれども、その本質はブルジョアジー独裁である。

各国のプロレタリアートは、自国の現存国家権力、ブルジョアジー独裁の国家権力を打倒しなければならない。すなわち、プロレタリアートが打倒する対象（打倒対象）は、ブルジョアジー独裁の国家権力である。この革命の主体（革命主体）はプロレタリアートである。したがって、現代世界におけるあらゆる革命は、プロレタリア革命なのである。

以上のことにもとづいて、日本において実存しているわれわれは、日本を念頭において、プロレタリア革命の主体的な推進構造を実践論的に解明するのが適切である。この解明は、日本という意味では特殊的であるけれども、普遍的なものとして世界の各国に妥当するからである。

われわれプロレタリア党は、プロレタリア革命を実現するためのわれわれの実践の指針、すなわち、われわれの目的と手段の体系を解明しなければならない。プロレタリアートは、ブルジョア国家権力を打倒するという目的を、みずからを手段として実現するのだからである。われわれは、われわれの実践の指針を、革命戦略・組織戦術・革命闘争戦術というかたちで明らかにしなければならない。

革命主体たるプロレタリアートがブルジョアジー独裁の国家権力を打倒する、というこの目的が、われわれプロレタリア党の革命戦略をなす。

この目的を実現するための主体を組織化する指針が、われわれの組織戦術である。われわれプロレタリア党は、プロレタリアートを階級として組織する、とともに、このプロレタリアートのヘゲモニーのもとにその他の勤労諸階級・諸階層を結集して統一戦線を結成しなければならない。この統一戦線の最高の形態がソビエト（労働者評議会）なのである。このようにプロレタリアートを階級として組織するとともに統一戦線を結成するテコとなるのが、わがプロレタリア党なのである。

われわれは、革命戦略を実現するために、したがって同時に革命主体を組織するために、革命闘争のそれぞれの局面における闘いの具体的な指針をうちださなければならない。この具体的な指針が、革命闘争戦術なのである。われわれは、情勢の具体的な分析に立脚し、革命戦略および組織戦術を適用して革命闘争戦術を解明し・うちださなければならない。

さらに、われわれは、政治的経済的な危機と革命主体の組織化が成熟していないという階級情勢のもとで、生起する諸課題をめぐって階級闘争をおしすすめていくためのわれわれの指針を、すなわち、われわれが組織し推進しているプロレタリア階級闘争そのものを変革していくためのわれわれの組織戦術および闘争戦術を、この階級的現実の分析に立脚し、われわれの革命理論と組織論を適用して、解明し・うちだし、これを物質化していかなければならない。

二〇二四年一一月一日

〔4〕ソビエト（労働者評議会）を創造するために、われわれはいま何をなすべきか

われわれプロレタリア党とその成員は、プロレタリア革命を実現するために、労働者たちおよびその他の諸階層の人たちを、この革命の主体として変革し組織しなければならない。すなわち、われわれは、不断にプロレタリア階級闘争を創造し推進し、これをつうじて労働者たちを階級として組織しつつ、機が熟した瞬間に、一気にソビエト（労働者評議会）を結成しなければならない。なぜなら、労働者たちがみずからを階級として組織する組織形態がソビエト（労働者評議会）なのだからである。ソビエトは、搾取され完全に疎外された存在であるプロレタリアがみずからを階級として組織する組織形態であると同時に、統一戦線の最高の形態であり、ブルジョア国家権力を打倒する革命闘争の機関なのであって、樹立すべきプロレタリアート独裁国家の実体的基礎をなすのである。

今日の二〇二〇年代の国際的および国内的の階級情勢のもとで、われわれプロレタリア党は、したがってその成員は、労働組合の役員あるいは組合員として、また労働組合のない職場において、さらに学園や地域において、反戦・軍備増強阻止・搾取反対・生活苦突破の闘いを創造し展開しなければならない。われわれは、そのスローガンと方針の内容とそして闘いや活動のあり方にかんしては、われわれがたたかう場の具体的分析に立脚し、われわれの組織的力量にふまえて、これを解明しうちださなければならない。

われわれは、労働者たちや学生たちをこの闘いに組織し、この闘いの担い手を種々の左翼フラクションに組織しなければならない。われわれは、われわれと彼らをふくむ左翼フラクションの「われわれ」として実践をくりひろげるのであり、この実践にとりくむにあたって、そしてそのただなかで、またその総括において、「われわれ」の実践をめぐって彼らとほりさげて論議し、彼らを共産主義者＝マルクス主義者へとたかめ、わが党組織の担い手へと変革していかなければならない。彼らをわが党組織の成員にするためには、自己の実践を反省することのできる組織成員へと、そして他の仲間たちと相互に変革する思想闘争をなしうる組織成員へと育てることが肝要である。

労働組合の下部組織の役員であるわが党員は、組合の機関で決定することをもとにして、この組合組織の総体を、すなわちこの組合組織の全員を、反戦・軍備増強阻止・搾取反対・生活苦突破の闘いに組織しなければならない。したがって、この闘いのスローガンおよび方針の内容にかんしては、われわれは、組合の上部機関の承認をかちとり、組合組織の全員に決起をうながすかたちにおいて、これを解明し、組合の機関として提起しなければならない。このばあいに、われわれは、組合の下部組織の役員として、上部機関の役員たちを、反戦・軍備増強阻止・搾取反対・生活苦突破の闘いを組合としてとりくむ意欲をもつメンバーへと変革していくためのイデオロギー闘争を柔軟にかつ大胆におこなっていかなければならない。なぜなら、われわれは、組合役員をふくめて組合員の全員を、そして組合員ではない者を組合員にするかたちにおいて職場の労働者全員を、階級的に変革していかなければならないのだからである。

労働組合のない職場でたたかっているわが党員も同じである。われわれは、職場の労働者全員を、こうした闘いに組織していかなければならない。われわれは、職場の労働者全員を階級的に変革していかなければならないのだからである。

われわれは、学園においても、地域においても、このような闘いをくりひろげなければならない。

われわれは、このような闘いを地道に着実に積み重ね、われわれの組織的力と大衆的基盤を強化することを基礎にして、もろもろの労働組合や種々の大衆団体が結集して、労働組合・職場・学園・地域から労働者たちやその他の諸階層の人たちの参加をかちとるかたちにおいて、反戦・軍備増強阻止・搾取反対・生活苦突破の共同行動を創造し展開していかなければならない。

二〇二四年一一月二日

二　人間変革とは何か

〔1〕種々のかたちでグルーピングしている労働者たちを階級的に変革するために

われわれが種々のかたちでグルーピングしている労働者たちを階級的に変革していくためには、われわれは、彼らを一定の行動に組織することに自分の目的意識が先走る傾向を克服しなければならない。

反戦・軍備増強阻止・搾取反対・生活苦突破の闘いを、さまざまな工夫をこらしておこなうことを計画し、この行動に労働者たちを組織する、という熱い目的意識を貫徹することを意図しつつも、相手の労働者たちに、この行動にくることを迫る、というようになってしまうことがある。

このばあいには、行動方針を相手の労働者たちにおしこむ、というようなものとなっているのである。相手の労働者たちは、自分がこの行動方針をうけいれるかどうかという意識に促迫されてしまうことになるのである。

わが仲間は、闘いの方針の内容と、相手の労働者たちに階級的自覚をうながすためのさらにほりさげた内容を豊富にしゃべっているのであるが、これを、その行動方針をとるべき基礎づけとして語っているのである。そうすると、相手の労働者たちは、語られていることを、その行動方針をとるべきことをどんどん迫られる、というように感覚するのである。

こうなってしまうときには、わが仲間は、自分がグルーピングしている労働者たちのそれぞれが、この社会の何にどのような否定感をいだき、このグループに何をバネにし、どういう意欲をもって結集しているのか、ということをつかみとり、それに肉迫するという目的意識が弱いのである。これらの労働者たちがわが仲間に惹かれて結集しているということではみんな同じなのであるが、労働者たちそれぞれは、この社会にどんな否定感を強く抱き、どんなバネ・意欲を自分自身のうちからわきあがってくるものとしてもっているのかということは異なるのである。われわれは、これをつかみとり、それぞれの労働者の、その否定感・バネ・意欲をそのメンバーの拠点とし、それを階級的なものとしてたかめていくように論議しなければならないのである。

われわれは、相手の労働者たちそれぞれの、人間そのものを変革するのだ、と考え意志し論議しなければばならない。

二〇二四年一一月三日

〔2〕 人間変革とは何か

私は、どうしても、人間変革とは何か、ということを考えるのである。われわれは、労働者や学生の、人間そのものを変革しなければならない。そうすると、われわれは、彼らを変革するおのれ自身が、自分の人間そのものをどのように変革してきたのか、ということをふりかえらなければならない、と私は思うのである。ここで、私は、自己存在の否定、自己存在を否定する、ということが肝要である、と感じるのである。

黒田寛一の組織論は、〈党指導部は、戦術で労働者組織の成員をうごかす ＋ 労働者組織の成員は、終生、自己の物化に無自覚な賃労働者が自己実存の本質を自覚した革命的プロレタリアとして主体的自己形成をなしとげ、さらにプロレタリア的人間＝共産主義的人間への自己脱皮をかさねてゆく〉というものとなっているのではないか、と私はどうしても感じるのである。

この労働者組織とは、『組織論序説』の段階では「前衛組織」であったのであり、『日本の反スターリン主義運動　2』以降は「革命的フラクション」であるわけである。

この黒田の内面では、このような労働者組織成員と、彼らにこのようにうながす自分とが切れている、と私は感じるのである。労働者たちを一気にプロレタリア的人間＝共産主義者に変革し、自己変革したこの労働者同志たちと自分とでプロレタリア前衛党組織を構成する、労働者同志たちと自分とが同じ同志として・同じ党組織成員として・相互に変革し自己変革していく、となっていないのである。私は、黒田に、この同一性を感じることができないのである。

このような組織づくりのしかたが貫徹されると、純プロ（全学連運動を経験していない労働者）の労働者同志は、いま・ここで何が何でも共産主義者になるのだ、ということをせまられず、間延びさせられてしまうことになるのである。純プロの同志は、自分はこういう人間になりたい、こういう人生をあゆみたい、と思っていた自己を否定しないままに、自分は賃金プロレタリアなんだ、たたかわなければ、と考えて決起した自己の残りかすを温存していることがあるのである。

深刻なのは、学生出身の常任メンバーである。彼らは、マル学同（マルクス主義学生同盟）員や全学連フラクションメンバーから（昔は学生組織委員会のメンバーから）選抜される。彼らは、全学連フラクション員やマル学同員になるときに、ブルジョア的な考え方や小ブルジョア的な生活やまた個立主義的感覚から決別し自己変革することをせまられる。この意味では、私人と公人とへの自己分裂を止揚した人間になることをせまられるのである。だがしかし、社会のエリートになるように教育され勉強させられ、自分自身が勉強してきた自己を否定したのか、ということが問題となるのである。自己存在の否定である。

いまでは名前さえも知らない人が多いと思うけれども、山代冬樹＝白井健一をみよう。彼は、学者になることをめざした自分の学問の内容を、ブルジョア学問からマルクス主義にとりかえたような人間だ、と私には思えるのである。エリートたらんとしていることには変わりがないのだ、と私は感じるのである。わかりやすいように彼をとりあげているにすぎない。

大昔、ある大学の私よりも二年上のマル学同員が、山代冬樹をさして、私に言った。「彼を好きになれないんだよね。彼はマル学同になっていなかったら、いまのような感じのままで学者になっていたと思うんだよね」、と。労働者になるような人とはとうてい思えない、ということであったわけである。私も「そうだね」と同調したのであったが。

自己存在の否定がどうなのか、ということである。

二〇二四年一一月四日

〔3〕みんな苦しみ心を痛めている。彼らを方針で動かす、と追求するのではなく、変革しなければならない

ごく普通の労働者たちや学生たちは、世界で勃発し終わることのない戦争に、子どもたちが殺されていることに、心を痛めている。日本が新たな戦前に刻一刻と近づいていることに危機意識を抱いている。自分自身が過酷な労働を強いられ低賃金に苦しめられているのに、賃金にこんなにも格差があることに怒りをわかせている。物価が上がり自分が生活できなくなっているだけではなく、もっと極貧でその家庭の子

どもが発育と発達をとげられないことにやりきれなさを感じている。

この労働者たちや学生たちによい方針を出して、彼らをうごかすのだ、と考え追求してはならない。うちだす方針や活動のやり方やまた理論が問題なのではない。それは、自分の内側から湧きあがるものではなく、自分の外側のものであり、自分がとりいれるものである。

われわれは、彼らを、彼らの人間そのものを変革しなければならない。

労働者たちや学生たちは、親がまともな賃金をえられず貧しい生活をつづけてきたことのゆえに、身体的にも精神的にもゆがみを生じさせてしまった子どもたちに心を痛める。子どもに何の責任もない。助けてあげたいと思う。親も努力してきた。親と子どもをこんな境遇におちいらせたこの社会が悪い、と思う。だがしかし、労働者たちや学生たちがこれまでうけてきた教育や仕事の研修、その教師や教官にうけいれられ合格しようとすれば、その教師や教官が求めるものに応え、そのように自分をつくらなければならない。このようにして、労働者たちや学生たちは、社会が悪いという問題意識をもちその追求方向にむかおうとした自分を殺し、その子どもたちをどう援助すればいいのか、ということにのみ心をむけてきた。

われわれは、この労働者たちや学生たちに、このおのれを否定し、このように強いられてきたものを〈いま・ここ〉で断ち切る決断をうながさなければならない。これは、方針ややり方の問題ではない。また、ブルジョア学問を批判するという問題でもない。ブルジョア学問を対象的に批判しても仕方がない。そんな対象的な問題ではなく、主体的な問題なのである。われわれが彼らを変革する、という問題なのである。

彼らに、自分がどのようにつくられてきたのであり、いまつくられているのか、そしてそうすることによって、自分がどのようにつくられてしまったのか、いま、自分自身が自分をどのようにつくりつつあるのか、という自覚をうながし、この自己を否定するという決断を、この自己存在を否定する、すなわち、この現実を実践的に変革する、という決断を、われわれはうながさなければならない。

二〇二四年一一月五日

〔4〕自分の感覚を変えるためにはどうすればいいのか

仲間たちからその感覚はおかしい、と言われた自分の感覚を変えるためには、自分の感覚がどういうものであるのかを仲間たちにわかってもらうために、そしてまた自分のその感覚がどうおかしいのかを仲間たちに言ってもらって考えるために、いろいろと説明することに、自分の神経と注意と努力をあまり集中しないほうがいい、と私は思う。そうではなく、自分の感覚に仲間たちのそれぞれがどう感じたのか、そして自分が感覚した対象にたいして仲間たちのそれぞれはどう感じたのか、ということを感じとりつかみとることに、自分の神経と注意と努力を集中したほうがいい、と私は考えるのである。

自分の感覚がどういうものであるのかは、わが仲間たちはわかっているのだ、と思ったほうがいい。自分の感覚がどういうものであるのかを仲間たちはつかんだので、その感覚はおかしい、と言っているのだからである。また、仲間たちは、自分自身がそういう感覚をもったことがあって、それを克服してきた体験があるか、あるいは、同じような感覚を抱いたメンバーを変革してきた経験があるかするからである。

他面からすれば、当該の対象・あるいは同じような事態にたいして、仲間たちがもった感覚は、自分は抱いたことのないものなのであり、自分にはないものなのである。だから、自分の内側をいくら見ても、でてくるものではないのである。自分の目の前にいるわが仲間たちを見ないとダメなのである。眼前の相手を見て、当該の対象・事態にこの人はどう感じたのかということを、自分は感じとりつかみとらなければならないのである。それは自分にはないものなのであり、自分にとって新たなものなのである。この瞬間に、自分は、自分にはないものを、新たなものとして自分がつかみとる能力を自分自身に創造し、この新たなものをつかみとらなければならないのである。相手の感じたものはこういうものなのか、というように、自分が過去に抱いたことのある感覚を思いおこして、ああ、こういうものなのか、と思ったのではダメなのである。これは、自分にはない相手の感覚を、自分の既有の感覚でもって解釈したものでしかないからである。エエッ、こんなふうに感じたの、というように、自分自身に新たな感覚を創造しなければならないのである。

これをおこなうためには、自分がつねに自分自身をこえていく創造心と向上心をもっていなければならない、と私は思うのである。

二〇二四年一一月七日

〔5〕　われわれは労働者をどのように変革すべきなのか

職場での闘いや労働運動上の問題については論議してきたけれども、ブルジョア議会の階級的本質と議会主義の否定についてはなお論議しえてはいなかった左翼フラクションのメンバーたちや組合員たちと、選挙の問題をめぐってどのように論議してきたのか、そこにはらまれていた問題はどこにあるのか、ということをわれわれは総括しなければならない。

国会すなわちブルジョア議会は階級対立をおおい隠すためのイチジクの葉であり、このような議会に依存する議会主義に反対しなければならない、ということを明らかにしようと意図しつつも、次のようなかたちで論議する傾向があった。

労働者は搾取されているのだということも、軍備増強のための増税に反対しなければならないということも、国会に幻想をもってはならないということも、政治家は信用ならないということも、労働者は国会ではなく、ソビエトを創造してソビエトが決定するのだ、ということも、搾取を廃絶するためにソビエトが生産を管理するのだということも、さらにはそのばあいには賃金ではなく擬制的労賃制をとるのだということも、これらすべてをずるずるとつないでしゃべるという傾向が、それである。

これでは、相手の労働者たちはついていけないのである。それぞれのメンバーは、ところどころで「うん」とうなずいているのであるが、何をつかみとったのか、ということはまったくはっきりしないのである。わが仲間はそれを、一つひとつ区切って確かめていないのである。ということは、わが仲間は、それぞれのメンバーをどのように変革していくのか、ということを構想していないのである。

みんな、自分の過酷な労働を変革するのだ、という意志をもっているのであるが、自分が低賃金で過酷な労働を強いられるのは、資本家によって労働者が搾取されているからなのだ、というように明確に把握しているのかどうか、と考えると、労働者たちそれぞれは、まちまちなのである。ここで、みんなが、自分たちは搾取されているのだ、と実感をもって考えるように、みんなの意識をそろえないと、論議を先へすすめることができないのである。ここで、みんながまちまちなのに、階級対立をおおい隠すのが国会なのだ、国会に幻想をもってはならない、と言っても、ついてこれないメンバーをおいてきぼりにしてしまうことになるのである。

ここで、賃金制度を撤廃してどうするのかということを明らかにするのだ、と思って、擬制的労賃制についてしゃべっても、「それ、何のこと」となってしまうのである。

さらに、議会を否定するものとしてソビエト（労働者評議会）ということをもちだしても、ソビエトは決定し実行する行動的団体なのだということと、ソビエトが生産を管理するのだということとをいっしょくたにしゃべったのでは、聞く方はわけがわからなくなるだけなのである。前者は、労働者国家の実体的基礎となる組織形態は何であるのか、という労働者たちの意志決定のための組織にかかわる問題であるのにたいして、後者は、搾取を廃絶するために生産をどのように遂行していくのかという問題だからである。

しかも、行動的団体というようなことは、パリ・コンミューンについて説明するときには必要であるけれども、ソビエトについてまだわからないメンバーにイメージをわかせるときには言わないほうがいいのである。言うと話がひろがってしまい、彼は混乱してしまうのである。なぜなら、ソビエトについてまだわかっていないメンバーは、それが立法だけをおこなうのか、立法と執行とをかねそなえているのか、というようなことにかんする問題意識はわくことがないからである。労働者による労働者のための労働者の組織なんだ、というようなことを言ったほうが、彼はイメージをわかせることができるのである。相手はどのような労働者であるのかを分析し、彼をどのように変革するのかということを、われわれ自身がイメージをわかせなければならないのである。

右のようなことになるのは、わが仲間が、一票を投じることになお期待を抱いているメンバーを見いだし、彼にたいして、その期待をうちくだくために、と考えて、あらゆることをこれでもかこれでもかとしゃべっていることにもとづくのである。われわれは、相手の労働者の・一票を投じることへの期待をうちくだくのではないのである。相手の労働者を階級的に変革するのである。われわれが、相手の期待をうちくだく、というように彼に相対するならば、彼は一抹の希望の道をふさがれて袋小路におちいってしまうのである。彼は追いつめられてしまうことになるのである。なぜなら、一票を投じるというのにたいして、一票を投じるのを否定せよ、というように、われわれが彼にたいして、単純なアンチの姿勢でせまっているからである。われわれが彼と同じ平面にたって、彼を否定しているからである。彼がやろうとしている行動をやめさせようとしているだけだからである。これは、彼を変革する、というものではないのである。

彼の人間そのものを階級的に変革する、というものではないのである。

われわれは労働者たちの人間そのものを変革しなければならない。われわれがそれをなしうるためには、われわれは自分の感覚そのものを問わなければならない。

二〇二四年一一月八日

三　反戦・搾取反対の闘いを組織し、搾取廃絶のためにソビエト（労働者評議会）を創造することを意志する労働者をつくりだそう！

〔1〕　われわれは、ソビエト創造論を基軸とするプロレタリア革命論を解明しなければならない

われわれは、ソビエト創造論を基軸とするプロレタリア革命論を解明するために、われわれの実践からその教訓をどん欲につかみとり、これをめぐって論議していく必要がある、と私は考える。

私は、プロレタリア革命の主体たるプロレタリアートと打倒対象であるブルジョア国家権力との実体的対立を措定して、革命戦略・組織戦術・革命闘争戦術について、そして、党がどのように統一行動を組織し、統一戦線を結成し、ソビエトを創造していくのか、ということを論じようとしたのだが、どうもそうはいかない、ということがわかった。

統一行動・統一戦線について展開できないのである。というのは、われわれの組織的力量がきわめて微弱である、と同時に、まともな労働組合・大衆団体・政党が存在しないからである。そうすると、われわれが、機が熟した瞬間にソビエトを一挙に創造するために、わがメンバーたちが労働組合の指導部を掌握し・この組合を強化していく、とともに、われわれの組織的・大衆的基盤を組合のない職場や地域やまた学園で創造し強化していく、このイデオロギー的＝組織的闘いをわれわれはどのように展開していくべきなのか、ということを解明していかなければならない、ということになるのである。ソビエトの創造を基軸として、プロレタリア革命の主体的推進構造を解明する、ということである。

また、安保条約破棄というような過渡的要求を提起することの解明ということも問題にならないように思われる。なぜなら、われわれは、反戦闘争のただなかで「安保破棄」という過渡的要求を提起してそれへの労働者たち・学生たちの自覚をうながす、というのではなく、反戦闘争のただなかで「アメリカ帝国主義と同盟した日本帝国主義国家権力打倒」という日本プロレタリア革命の戦略的任務そのものを提起して、これを自覚した労働者たち・学生たちを創造し組織しなければならないのだからである。「安保条約破棄」というところで止めるというような、まどろっこしいことをやるべきではない、ということである。「過渡的要求の綱領」ということ自体が、労働者階級を革命へとひっぱっていくために・前衛党がうちだす要求を次々にたかめていく、というトロツキー的発想につらぬかれたものだからである。

さらに、「大幅一律賃上げ」というようなスローガンを過渡的要求だ、と基礎づけることが問題なのではなく、われわれは、労働組合運動の方針として「搾取反対」という任務を提起してたたかい、「搾取廃絶」というプロレタリア的任務を自覚し・おのれのものとした組合員たち・労働者たちを創造し組織しなければならない、と私は考えるのである。

われわれはこういうことについて論議していかなければならない、と私は考える。

二〇二四年一一月一一日

〔2〕全世界のプロレタリアートは、現代の戦争を遂行するあらゆる国家権力とこれらの諸国家を支援する一切の国家権力を打倒しよう！

いま、ロシア帝国主義国家とウクライナ資本主義国家とが戦争し、このロシア国家を、北朝鮮・ベラルーシ・中国などの東側の諸国家が支援し、ウクライナ国家を、西側の帝国主義諸国家・資本主義諸国家が支援している。

中東では、イスラエル国家がその軍隊を動員してガザの人民を虐殺し、このイスラエル国家とイスラム主義勢力およびイラン国家とが戦争している。このイスラエル国家を、アメリカ帝国主義国家が支援している。

東アジアでは、台湾海峡および朝鮮半島をめぐって、中国帝国主義国家とアメリカ・日本などの西側帝国主義国家とが抗争し、軍事的諸行動をくりひろげている。

この戦争と勃発する戦争を阻止するために、全世界のプロレタリア党は、全世界のプロレタリアートを組織し、プロレタリア・インタナショナリズムの立場にたって、戦争を遂行しているあらゆる国家権力とこれらの諸国家を支援している一切の諸国家権力を打倒しなければならない。各国のプロレタリア党は、自国のプロレタリアートを階級として組織し、この力を基礎にして、自国の国家権力を打倒しなければならない。

われわれは、反戦・軍備増強阻止の闘いを創造し展開し、そのただなかで、この戦略的任務を提起して、労働者たち・勤労者たち・学生たちを階級的に変革し組織しなければならない。

現代ソ連邦の崩壊と各国スターリン主義党の破産を要因としてプロレタリア階級闘争が壊滅し、これをわれわれが突破しえていず、東西の帝国主義陣営が激突するかたちでの戦争が勃発した、という主客諸条件のもとでは、われわれは、この現代世界をその根底から転覆するプロレタリア階級闘争を創造するために、そしてこのプロレタリア階級闘争を創造し推進する実体的基礎をなすプロレタリア党を創造し確立するために、プロレタリア世界革命の実現というわれわれの戦略的任務そのものを積極的に提起して、労働者たち・勤労者たち・学生たちにこの任務への自覚をうながし、彼らを階級的に変革し階級として組織するイデオロギー的＝組織的闘いを断固としてくりひろげるべきなのである。

二〇二四年一一月一二日

〔3〕 搾取反対の闘いを組織し、搾取廃絶のためにソビエト（労働者評議会）を創造することを意志する労働者をつくりだそう！

いま政府は、賃上げを叫びたてつつ、この賃上げを上回って物価を上昇させる金融・財政・労働政策を実施し、この諸条件のもとで、独占資本家どもと先端的な諸企業は、ＡＩ（人工知能）技術・ＩＴ（情報技術）を導入し駆使して、直接的生産過程の技術化を、そして流通過程やインターネット・サービス業の労働過程の技術化を推進し、労働者たちを過酷な労働に駆りたてている。これらの資本家どもは、初任給を中心とする賃金を引き上げて、新たな技術諸形態にみあった高度な技術性をもつ若い労働者たちを採用し、彼らをうつ病・過労死に追いこむまでに酷使するとともに、従来の技術性しかもたない労働者たちの首を容赦なく切っているのである。路頭に放りだされた労働者たちは、これまでよりも下の階層の仕事を必死で探す以外に生きる道はない。

従来の技術を基礎とする諸産業・諸業種の資本家どもは、「生産性の向上」を叫んで、物価が高騰するもとでも賃金を上げず、したがって実質賃金を切り下げ、人員を増やさず、むしろ減らして、労働者たちに労働強度の強化を強いているのである。

給食・清掃・送迎の運転士・夜間警備・そして工事現場の交通整理などの下層の労働者たちは、老齢になっても体と精神と神経がもつまで働き、ついに脱落した後には、上から転落してきた労働者たちがそのあとをつぎ、これらの業界の資本家どもは、このような労働者たちを使い捨てとばかりに無慈悲にこき使って利潤を得ているのである。

このような諸攻撃と労働者の境遇をはねかえし覆すために、わがプロレタリア党とその諸成員は、労働組合の役員あるいは組合員として、また労働組合のない職場において、賃上げ・労働強化反対・人員増などの諸要求を掲げ、搾取反対の闘いを組織し展開しなければならない。そして、この闘いのただなかで、われわれは、労働者の低賃金と過酷な労働は、資本家による労働者の搾取にもとづくものであること、すなわち、資本が労働者の労働という生き血を吸って増殖していることを根拠とすることを明らかにし、搾取反対の闘いをともにたたかっている労働者たちに、労働の搾取そのものを廃絶するのだ、という意志を、したがってまさに搾取を廃絶するために、機が熟した瞬間に、労働者による労働者のための労働者の組織、すなわち労働者たちがみずからを階級として組織する組織形態たるソビエト（労働者評議会）を一気に創造するのだ、という意志を、つくりだし、彼らを組織していかなければならない。

われわれは、搾取反対の闘いのただなかで、このプロレタリア的任務そのものを提起して、いっしょにたたかう労働者たちを階級的に変革し、わがプロレタリア党の担い手へとたかめていく、とともに、労働組合の・あるいは、組合のない職場のすべての労働者にプロレタリア的自覚をうながし、すべての労働者の労働者的団結を創造し強化していかなければならない。これが、われわれの任務なのである。

ともにたたかおう！

二〇二四年一一月一四日

四　労働者階級は馬なのか

〔1〕労働者階級は馬ではない。人参はいらない

戦術を説明するときに、戦術は人参にたとえられてきた。労働者階級という馬を、前衛党である御者が、この馬の前に人参をぶら下げて走らせる、この人参が戦術だ、ということなのである。

だが、労働者階級は馬なのではない。労働者階級を構成する個々の労働者が、プロレタリア革命戦略そのものをおのれのものとしてつかみとり、これを実現するためにたたかうのである。戦略的任務＝プロレタリア的任務を自覚していない労働者たちが、人参をぶら下げられて走るのではないのである。前衛党が、みずからのうちだす戦術を次々に高度なものにしていって労働者階級をひっぱる、というのではないのである。

われわれプロレタリア党とその成員は、労働者たちを階級的に変革し、階級として組織するのである。われわれは、当面の闘いの指針を、情勢の具体的分析に立脚し、革命戦略を適用してうちだすのであり、これが戦術なのである。われわれは、この戦術に、労働者たちを変革し組織する指針たる組織戦術を貫徹

するのである。
われわれプロレタリア党とその成員は、当面する闘いのただなかで、戦略的任務＝プロレタリア的任務を提起し、労働者たちにこの任務をおのれのものとすることをうながし、彼らを変革し組織するのである。

二〇二四年一一月一五日

〔2〕馬に人参という発想がでてくるのは、なぜなのか

労働者階級を馬にたとえて、この馬の目の前に、前衛党たる御者が、戦術という人参をぶらさげて、この馬を走らせる、という発想、すなわち、前衛党が労働者階級を戦術でひっぱる、という発想がでてくるのは、なぜなのか。この前衛党は、革命的プロレタリアからなる前衛組織を実体的基礎としてつくりだされなければならない、とされているとしても、こういう発想がでてくるのはなぜなのか、ということである。

こうなるのは、一般の労働者や労働者同志は、学生出身の党常任メンバー＝職業革命家よりも、思惟能力が低い、という感覚と判断があるからではないか、と私はつくづく思うのである。インテリゲンツィア出身の職業革命家は革命戦略について理解し思惟することができるけれども、労働者は戦術を理解することはできてきても革命戦略を理解することはできない、また、たとえ戦略的課題の実現について考えると

しても戦術的課題の実現の側からしか・そのまなこからしか考えることができない、という感覚と判断である。だからまた、労働者メンバーを前衛党員にするのであるならば、そのメンバーを、職場をやめさせて党常任メンバー＝職業革命家にし、理論教育を徹底的にやらなければならない、という感覚と判断である。

そんなことはない、と私は思うのである。

マルクスは、あの時代においてさえも、すなわちあの時代の労働者の教育水準においてさえも、『資本論』を労働者が読むものとして苦労して書いたのであった。ましてや現代においておやである。

いまは、中学・高校まではみんな同じなのである。ブルジョア教育によって個人差が意図的に大きくつけられているだけである。大学教育をうけるかどうかは関係がない。また個人差も、ブルジョア社会においてどれだけ使いものになるか、使い勝手がよいか、という基準からする差であって、労働者的に鍛えられるべき感性と思惟能力の差ではない。なまじっか受験勉強をやっていないほうがいい、と私は感じるのである。受験勉強で感性と頭が破壊されてしまうからである。

われわれは組合員たちと・あるいは・組合のない職場の労働者たちと、当面する闘いの方針および闘い方をめぐって論議するだけではなく、革命戦略をめぐって、すなわちプロレタリア革命をどのように実現するのかをめぐって論議し、彼らを変革すべきである。それはできる、というのが、私の確信である。

これが、若い労働者同志がよりいっそう若い労働者メンバーを変革し、わが同志として鍛えあげてきた闘いの教訓である。

二〇二四年一一月一七日

〔3〕人をして動かす――人間関係づくりにおける怖れ

労働者と全的に論議するとならないのは、なぜなのか。われわれはどうしてもプロレタリア革命そのものをめぐって労働者と論議することを怖れる、と私は感じるのである。

このときには、自己は、人をして動かす、となっている。人間関係づくりにおける怖れが自己をつきうごかしている、と私は感じるのである。自分の感情・欲求・意志を言わないで、人をして動かすように自己がふるまう、ということである。

われわれは、どうしても、こういうことを言えば、相手との関係がこわれるのではないか、と怖れる。また、こんなに何度もしつこく働きかけたら、こんなにしつこく約束を取りつけようとしたら、相手はどう思うだろうか、と怖れるのである。こんなときに、あくまでも実践するように自己を駆りたてると、たとえ相手との関係がこわれようとも、たとえ相手とのあいだにミゾができようとも、これを言わなければならない、これを言うぞ、と決断することになる。しかし、このときには、もう、うまくいかなかった情景が自己の頭のなかに浮かんでいるのである。

こういうことは、自分が促迫されたときにしかできない。

ふだんは、自分の欲する方向に人を動かす、となる。相手が自分の望むようにしてくれるように自分が無意識的に自然体でふるまう、というようになる、と私は思うのである。

このときに、自己が欲しているもの、自己が望んでいるものが、非合理的なものであるばあいには、自分はこのものを意識してはいない。このものが勝手に自分をつきうごかしているのである。これに反して、自己が欲しているもの、自己が望んでいるものが、われわれにとってあるべきものであるばあいには、自分はこのものを意識し、相手をこの方向に誘導するように自分がふるまっているのだ、ということを自分は意識してはいない。

これは、自分が相手にどのように関係するのか（どのように人間関係をつくりだすのか）という問題である、と私は思う。

われわれは、相手を変革することに自信と確信をもっていなければならない。これを言わなければならないがこれを言えば相手との関係がこわれるのではないか、という危惧をもったら、そして、たとえ相手との関係がこわれようともこれを言うぞ、と決断しそうになったら、自分がこうなっていることを自覚し、この自己を省みて、この自己を否定しなければならない。自分が、プロレタリア革命そのものについて論議する内容をうすめようとしたら、また自分に、相手との約束をとりつけるのを先延ばしにしようとする気持ちがわいたら、この自己を省みて、この自己の全体をひっくりかえさなければならない。

この自己を突破するためにわれわれが自分のうちにつくりだすべきなのは、相手への信頼、プロレタリアへの信頼である、と私は思う。相手の、プロレタリアの、変革可能性の確信である、と私は思う。この信頼を、この確信を、自己のうちに創造するためには、われわれは、あくなき自己変革の意志をもたなければならない。あくなき向上心をもたなければならない。自己の内面をみる、自己をふりかえる、自己を省みる、この訓練をわれわれはしなければならない。自分を変える、自分というものをつくる、という訓練をしなければならない。

二〇二四年一一月一九日

〔4〕相手に働きかけるおのれへの自信と確信、相手の労働者や学生への信頼と変革可能性の確信

相手が、自分が下意識的に望むようにしてくれるように自分が無意識的に自然体でふるまう、あるいは、相手が自分の望む人間になる方向に誘導するように自分が働きかける、というようになることを克服するためには、相手に働きかけるおのれに自信と確信をもち、相手を信頼することが必要である、と私は考える。

ここでは、後者の、相手が自分の望む人間になる方向に誘導するように自分が働きかける、という問題をとりあげる。

自分がこれを突破するためには、われわれは、相手に働きかけるおのれに自信と確信をもち、相手の労働者や学生を信頼し、彼が変革可能であることを確信しなければならない。がしかし、こういうものをおのれの内につくりだすのはなかなか難しい。これをつくりだすためには、こうやってできたという実践の

体験とその教訓を自己に創造しなければならないのであるが、そのように実践するためには、自分が自信と確信をもち、相手を信頼しなければならないのだからである。

この自己をうちやぶるためには、自己の内面をみる訓練をしなければならない、と私は思う。自分自身が、労働する自分の内面を見、労働する真っただ中の自分の苦悩を、その矛盾的意識を自覚しないことには、われわれが組織すべき労働者たちに、自分の労働についての自覚をうながすことはできない。これは、学生たちに、自分がうけている教育についての自覚をうながすばあいも同じである。自分のこの意識の自覚は、自分の意識に一定の言葉でもって規定をあたえることではない。自分自身についてこうしているのでは、自分が組織すべき労働者たちに、彼が労働しているときにもつ彼の意識をつかみとり、彼にそれへの自覚をうながし、彼を変革する、ということはできない。

これが出発点をなすのではないだろうか。

二〇二四年一一月一九日

〈5〉 被団協の人と同席していた高校生とその仲間たちへ——それらの国ぐには核兵器を保有するのはなぜなのかを考えよう

核廃絶を訴える高校生たちの話し合いをテレビが映していた。指導者らしい人が「対話の重要性」を語っていた。

高校生のみなさん、考えよう。

「対話の重要性」を自分の信念とすることで、問題が解決するのであろうか。対話とは、核兵器を生産し保有し配備している国ぐにおよび日本のようにアメリカの核兵器に依存している国の指導者と、核廃絶を訴える人たちとの対話ということであろう。

ここで考えよう。はたして、それらの国の指導者は、自分たち核廃絶を訴える人たちの言うことを聞く耳をもっているのだろうか。彼らは、特定の利害をもった国家権力者なのではないだろうか。彼らは、軍需産業などの諸産業の独占資本家たちの利害を体現しているのではないだろうか。この独占資本家たちは、労働者たちや勤労者たちを搾取し収奪し抑圧しているのではないだろうか。

いま世界では、ロシア・中国を中心とする東側の陣営と、アメリカ・ヨーロッパ・日本などを中心とする西側の陣営とが対立し、領土や勢力圏を拡張するために軍事的にあらそっている。

自国の労働者たちや勤労者たちを搾取し収奪し抑圧することを基礎にして・自国の領土や勢力圏を拡張するために・敵対する国に軍事的手段を用いるのは、帝国主義国家なのではないだろうか。自分が知っているあらゆる知識を、しかもそれを批判的に検討しつつ駆使して考えてほしい。

対立するところの、東側の諸国家も、西側の諸国家も、核兵器を生産し保有し配備しそれでもって敵国を脅すのは、またその核に依存するのは、それらの国の指導者が独占資本家たちの利害を体現する国家権力者だからなのである。この国家権力者が、労働者たちや勤労者たちを搾取し収奪し抑圧する独占資本家たちの利害を貫徹して領土や勢力圏を拡張するために軍事的手段を行使しているのだ、といわなければならない。すべての国では、ブルジョアジー（資本家階級）がプロレタリアート（労働者階級）を支配しているのである。

だから、ロシア国家がウクライナで核兵器を使うのを阻止するためには、そしてあらゆる国のすべての核兵器を廃絶するためには、帝国主義を打倒しなければならない。ロシア・中国などの東側の帝国主義諸国家権力と、米・欧・日の西側の帝国主義国家権力を、そしてすべての資本主義国の国家権力を、全世界のプロレタリアートは国際的に階級的に団結して打倒しなければならない。

高校生のみなさん！

自分自身がプロレタリアートの立場にたって、ともにたたかおう！　われわれがたたかうのだ！　われわれはたたかうのだ！

二〇二四年一一月二二日

〔6〕　現実を変革することは自己を変革することである

現実を変革することは、たんに自己を抑圧し支配してくるものにたちむかい・これとたたかうことではない。このように追求するかぎりでは、抑圧し支配してくるものとたたかう自分は、そのままであり、もとのままに残されてしまうことになる。あったままの自分が、この自分にとっては外的なものが自分を抑圧し支配してくることを感じるのであり、あったままのこの自分が自分の外側にあるこのものとたたかうのだからである。たとえ、たたかうおのれとして自分を変革するのだ、と考え追求したのだとしても、同じである。この現実そのものが自分のつくりだしたものであり、自分そのものなのであって、この自分を変革するのだ、という自覚が欠如しているからである。

われわれは、われわれが直面しているこの現実を変革するために、このおのれ自身を変革することを決意するのである。これは、自己存在の否定の決意である。

われわれのうちにわきおこるこのものは、資本は、賃労働者である自分が自分の労働によってつくりだしたものであり、この労働の凝結物なのである、ということをわれわれは自覚し、この疎外された労働そのものの廃絶を、したがって賃労働と資本とのこの関係そのものの転覆を決意するのだ、というわれわれの意志そのものをなすのである。

二〇二四年一一月二二日

〔7〕　おのれの目的を構想するためには現実を分析しなければならない

われわれは、自分自身が実践する目的（これは目的と手段の体系をなす）を構想するためには、自分が変革すべき現実を分析しなければならない。この現実が、世界において勃発した事態であっても、日本の階級闘争の現状であっても、自分の労働の現実であっても、自分が所属する労働組合の現状であっても、また自分が働きかける職場の労働者そのものであっても、同じである。

われわれは、自分自身の実践の目的を構想するために現実を下向的に分析することを意図し、現に下向的に分析しつつも、一定程度考えたところで、自分自身の労働や何らかの事態にかんして「非人間的だ」という価値判断を下すことがある。そうすると、現実の下向的な分析はここでとまってしまうのである。このときには、自分自身のうちには現実を構成する一つの対象への「非人間的」という怒りとこのものを否定する解決形態としての人間的なものの像が浮かんでいるのである。この人間的なものは、自分自身のうちにあったものなのであり、自分自身の価値意識となっているものなのである。この価値意識は、自分が、現実をマルクス主義的なプロレタリア的価値意識を貫徹して下向的に分析していたときにも働いていたものなのであり、自分が現実をプロレタリア的価値意識を貫徹して分析する意志を持続しえなくなったときに、人間的なものを希求する価値意識が自己を支配し、「これだ。ここが問題なんだ。この問題なんだ。わかった」、とわれわれは喜び、意欲をもやすことになるのである。

われわれは、ここで、同時に、自己を変革することをとめてしまうのである。われわれは、ここで、おのれのうちで、おのれのうちのプロレタリア的価値意識にとってかえて、おのれの心のさらに底にあった人間的なものを希求する価値意識のほうを働かせてしまったのだからである。われわれは、このことを、意識しないでおこなうのである。自分が意識するのは、「これだ。ここが問題なんだ。この問題なんだ。わかった」、というものである。われわれは、自分がこういう意識になったときには、自分を問い、自分を省みなければならない。このときに自分が考えている内容は、「労働者はモノじゃないんだ」「この労働は非人間的だ」とか、「国防意識をもっている労働者を、戦争体験者の声を聞かせてひっくりかえそう。戦争は非人間的だ、と心の底からわからせよう」とか、というものなのである。この内容は、「非人間的か、人間的か」という価値意識にもとづくものなのである。

このときには、おのれのうちに、現に生起している事態の解決形態として人間的なものが浮かんでいるのである。それは、マルクスの言う疎外されざる労働であるか、労働者の力によって戦争を阻止した状態であるか、あるいはまた労働者たちが団結した姿であるか、なのである。

自分のうちに浮かんでいるものがこのようなものであることに規定されて、自分が現実の下向的な分析をとめてしまったことに気づかないのである。しかし、実際には、自分は、現に生起している事態を「非人間的」と弾劾しているだけなのであって、おのれの実践の目的を構想するために・現実を――プロレタリア的価値意識を貫徹して――下向的に分析する、という力を自分自身のうちにつくりだしえないままとなるのである。自己の変革をここでとめてしまうことになるのである。悲惨な事態にたいして、これの解決形態としてのあるべき姿を思いうかべるという頭のまわし方を温存してしまうことになるのである。

われわれが訓練し体得し貫徹すべきなのは、この現実を否定し実践的に変革するために、この現実を徹底的に下向的に分析しほりさげる、という力であり、この意志力である。私はこう思うのである。

二〇二四年一一月二三日

〔8〕 下向分析が命

われわれは、現実を変革するためには、そして現実を変革する主体としておのれを変革するためには、現実を下向的に分析しなければならない、現実を下向的に分析する力を身につけなければならない、と私は考える。

われわれはおのれ自身を変革するためにはいろいろと変革しなければならないものがあるのであるが、どこで突破すべきなのかと考えると、その突破口は現実を下向的に分析することである、という気が、私はしてきたのである。

現実を下向的に分析するとは、自分が変革すべき対象の分析を深く深くほりさげていくことである。自分がつねに現実を下向的に分析していけば、自分自身に現実を下向的に分析する力がついてくる。自分の感覚も変わってくる。自分の価値意識自身が変わってくる。私は、こういう気がしてきた。

二〇二四年一一月二四日

〔9〕自分の実践や自分の書いた文章を反省するときにも、下向分析が命

われわれが、自分の実践を反省するときにも、自分の書いた文章を省みるときにも、実践そのものや文章そのものを下向的に深く分析することが大切である。
また、そのときに、自分が変革しようとした対象をいろいろと集約して素描することは、下向分析のための基礎的作業ではあっても、下向分析そのものではない。われわれは、現実をつかみとるためには、自分が直接的現実を直接的に反映したところのものを出発点にして、現実そのものを深くほりさげて分析しなければならない。自分が変革しようとした対象についていろいろと集約することが必要であるのは、直接的現実の・自分の直接的反映を疑うためである。

二〇二四年一一月二四日

〔10〕組織づくり上の目的を構想し、実践の結果に価値判断を下すことが大切である

われわれは、組織会議で提起するために自分の実践についての報告＝総括を書くときに、自分がどうい

うことをやったのかということから書きはじめ、どういう結果がうみだされたのかということを書いて終る、ということがしばしばある。これではいけない。これでは、自分の実践の結果とこの結果をもたらした自分の実践にかんして、同志たちに価値判断してもらう、ということになってしまうからである。自分が実践した結果にかんしては自分が価値判断を下し、これにもとづいて、これをもたらした自分の実践そのものをふりかえり、これを下向的にほりさげて、自分の実践の報告＝総括として組織会議で提起しなければならない。このときに自分の実践の結果と自分の実践そのものを省みるためには、自分が実践するにあたって組織づくり上の目的を構想していなければならない。そうでなければ、自分の実践の結果と自分の実践そのものをこの目的との関係において考察することができないからである。

自分の実践がうまくいったと感じたときには、うまくいったという自分の価値判断を表明し、なにゆえにこういうことを実現しえたのかという、自分およびこの組織の主体的＝組織的根拠を、教訓として明らかにしなければならない。自分の実践を成功的に遂行しえている同志たちのばあいには、出発点における目的意識も、実践の結果についての価値判断も、なにゆえにこういうことをなしえたのかということの捉えかえしも、しっかりしている、と言いうる。

くりかえしていうならば、われわれは、自分が実践するにあたって組織づくり上の目的を構想し、実践したうえでこの実践をふりかえるときには、自分のこの実践の結果に自分自身の価値判断を下し、これを基礎にして自分の実践そのものを、構想した目的との関係において捉えかえすことが肝要なのである。

二〇二四年一一月二五日

〔11〕 対象を深くほりさげて分析する訓練をするために

われわれは、自分が、分析したい対象を下向的に深くほりさげて分析する訓練をするためには、認識の構造の図解とか、Ⓑなどの記号とかを思いうかべて考えない方がいい、という気がしてきた。われわれは、認識の構造の図解を思いうかべると、これを対象的に理解しようというように自分の頭をうごかせてしまう、というように、私には感じられるからである。

もしも、下向とか上向とかと言っても、自分の頭がひとりでにそのように動くようになっていず、下向とは何か、上向とは何か、と考えるように自分の頭が動くのであるならば、下向とか上向とかということも考えないほうがいい、と私は思う。自分の頭がひとりでにそのように動くように訓練することの方が先である。子どもが歩けるようになるのも、言葉を発するようになるのも、そうなる方が、そのことについて教えられるよりも先である。自転車に乗るのでさえも、転んだりしながら実際に自転車に乗って訓練することなしには、乗れるようになることはない。

「対象を深くほりさげて分析するのだ」ということだけを頭において、ただひたすらに、対象を分析するのがいい、と私は考える。自分が分析することを意志している対象が、世界で勃発している戦争であったとしても、政府の攻撃であったとしても、「連合」の運動の現実であったとしても、「連合」指導部の労働運動路線であったとしても、企業経営陣からの攻撃であったとしても、労働組合あるいは職場の現実であったとしても、変革しようとしている労働者であったとしても、自分がおこなった実践であったとしても、そして自分自身の内面であったとしても、同じである。

自分が分析したい対象は、自分が分析しはじめる出発点においてははっきりしているわけである。それをふらつかせたり、目うつりさせたりしなければいい。この対象を、ただひたすらに分析するのがいい、と私は思うのである。これが訓練である。これは、訓練である。

二〇二四年一一月二五日

〈12〉 自分を紙の上に描くと自分は紙の上の自分になってしまう

頭を下向的にまわしていながらもなおうまくいっていないことがある同志の悩みを考えよう。認識の構造の図解を適用しようとするとよくわからなくなってくる、というのである。

こういうときには、図解をいったん忘れるのがいい、と私は思う。考えてみると、頭を下向的にまわせるようになっていたうえで図解をみるとよくわかるのだが、図解をみることによって自分の頭を下向的にまわせるようになることはないからである。

図解を思いうかべたり図を紙の上に書くのもあまりよくない。われわれが現実を把握したところの存在論的な内容を図として描くのはいいのだが、自分が対象をどのように認識するのか、という構造を、紙の上に描いたり、本に描かれているものを思いうかべたりするのはよくない、と私は思うのである。

われわれが対象を認識する、主体が客体を認識する、ということを、紙の上に、S⇅Oと書くとしよう。そうすると、われわれ＝この私＝主体＝自分が、自分の外側に、すなわち紙の上のSにいってしまうのである。

また、論議で説明するときに、自分の左手と右手でそれぞれこぶしをつくって、左手のこぶしをさして「これを、われわれ＝主体とするよね」、こんどは右手のこぶしをさして「これを、対象＝客体とするよね」とやって、「この左のこぶしが右のこぶしに働きかけるのが実践なんだよ、この右のこぶしを左のこぶしが自分の頭のなかに反映するのが認識なんだよ」と説明すると、われわれ＝この私＝主体＝自分が、自分の外側の左手のこぶしにいってしまうのである。

これではいけない。

いつでも、自分はこの自分である。自分の対象はこの自分の目の前に存在しているのである。われわれ＝この私がこの対象に働きかけるのであり、われわれ＝この私がこの対象を分析するのである。

論議で説明するときにも、左手のこぶしで自分の胸をたたいて「これが、われわれ＝この私だよね」、右手のこぶしを自分の目の前において「これが、対象だよね」とやらなければならない。

A君とB君のもつれた論議を切開するときにも、左手のこぶしで自分の胸をたたいて「この自分をA君とするね」と言ってひとしきり話をし、「立場をいれかえるね」と言って、左手で自分の胸をたたいて「今度はこの自分をB君とするね」と言って話をしなければならない。

自分の目の前に左手のこぶしと右手のこぶしとをつくる、という癖をやめなければならない。自分を紙の上にもっていってはならない。自分は現実の・生きた自分でなければならない。

二〇二四年一一月二六日

著者
松代秀樹（まつしろひでき）
著書　『「資本論」と現代資本主義』（こぶし書房）
『松崎明と黒田寛一、その挫折の深層』（プラズマ出版）など

私のすべての著書・論文にかんして、その全部あるいは部分を、無断で、別途出版しても転載してもかまいません。すなわち、著作権は主張しません。私の論文署名としては、松代秀樹、北井信弘、笠置高男、五領進、波多野玄、木更津久、習志野実、野原拓その他があり、これらすべてです。

世界を変革しよう
若い仲間たちへ

2025年1月27日　初版第1刷発行

著　者　　松代秀樹
発行所　　株式会社プラズマ出版
〒274-0825
千葉県船橋市前原西6-1-5-506
TEL・FAX：047-779-1686
e-mail：plasma.pb.20@gmail.com
URL：https://plasmashuppan.webnode.jp/
　ISBN978-4-910323-54-1　C0036

落丁本・乱丁本はおとりかえいたします。　Printed in Japan